대표자 예비창업자 강사 모두의 올인원 가이드

FITNESS ✦ OFFICE

# 피트니스 필라테스 실무 관리 매뉴얼

저자 | 김윤미

비엠북스

## 김윤미 저자

- 중앙대학교 사회과학대학 졸업
- 위메프, 티몬, 11번가 영업 마케팅 MD
- 미미유 필라테스 대표
- 필라테스 피트니스 사업자 연맹 이사(PIBA)
- 하이퍼 리얼리즘 피트니스 비즈니스 강사
- (주)BM코퍼레이션-피트니스 경영 연구소 컨설턴트
- 피트니스 필라테스 자동화 시스템 컨설팅

### FITNESS OFFICE
피트니스 필라테스 실무 관리 매뉴얼

김윤미 저자의 컨설팅 및 다양한 활동 이력,
컨설팅 문의에 대해 궁금하시다면
QR코드를 스캔하여 확인해보시기 바랍니다.

운동 업계는 주먹구구가 너무 많다.
어디서부터 고쳐야 할지 엄두가 나지 않는 시장이었다.
이 책에는 피트니스 운영 체계부터 세부적으로 정립하고 더불어 운영 인력까지
어떻게 준비해야 하는지 서술되어 있다. 단계별로 이해하기 쉽게 나와 있으며 사업자,
직원 모두 참고할 수 있는 서적이다.
업계에 큰 긍정의 충격을 줄 것이라 확신하고, 운동 업계를 사랑하는 입장으로
이런 서적이 나와 정말 다행이고 이제라도 볼 수 있어서 행운이다.

> (주)비엠코퍼레이션 대표
> '피트니스 필라테스 창업의 모든 것' 저자 - 박주형 대표

체육 업계 대표님들의 가장 큰 고민은 아마도 "사람"일 것이다.
우리의 업은 사람에서 비롯되고 사람에서 끝나기 때문일 것이다.
열정과 확신을 가지고 창업했지만, 온전히 리더로서 역량을 발휘하기 위해서는
중간관리자를 계속 키워내고 그에 걸맞은 효율적인 구조(시스템)를 갖춰야 할 것이다.

이 책은 그 두 마리의 토끼를 잘 잡을 수 있도록 도와주는 길잡이와 같은 책이다.
대표가 대표로서 해야 할 일들에 몰입할 수 있도록 중간관리자를 채용하는 방법부터
육성하고 인수인계하는 부분까지 아주 상세하게 안내가 되어있다.
그리고 사업자로서 필수로 갖춰야 하는 일련의 프로세스와
그에 필요한 제반 서류 가이드까지 제시해 주는 몹시도 친절한 책이다.

필자가 처음 창업했을 때 이런 서적이 있었더라면 그 수많은 시행착오를 하지
않았을 것이다. 못내 아쉽지만, 지금이라도 이렇게 책이 출간되어 우리 후배들의 내비
게이션이 되어줄 수 있다고 생각하니 내 기분까지 흐뭇해진다. 부디 이 책이 수많은
우리 업계 대표들에게 빛과 소금 같은 내비게이션이 되기를 바라는 바이다.

> 트리니티 필라테스 아카데미 대표원장
> '떠난 고객도 다시 돌아오게 하는 10가지 질문' 저자 - 장윤진 원장

# 프롤로그

본 서적은 운동업계-PT 스튜디오, 필라테스 센터, 휘트니스, 헬스장 등에 종사하는 대표자, 예비 창업자, 관리자를 위한 '센터 운영 체계 및 관리자 실무' 관련한 집약서입니다.

더불어 대표자라면 직원 관리를 원활하게 하는 방식, 관리자라면 업무를 효율적으로 해서 실적과 공을 높이는 방법을 획득하실 겁니다.

두 곳의 필라테스 센터를 7년 동안 대표자 및 관리자로 운영해 왔습니다. 각 센터는 70평 이상이며, 유효회원 평균 200명, 강사는 각 지점당 7~8명으로 구성되어 있습니다. 센터에서는 개인 및 그룹 레슨이 동시에 활성화되어 있어 각 지점에는 필수적으로 관리자가 필요합니다.

두 아이를 키우면서 **'필라테스 피트니스 사업자 연맹(PIBA)' 이사**로 활동하고 있으며 현재는 '**피트니스 경영 연구소**'에서 컨설턴트로 강의와 컨설팅을 하고 있습니다. 아이들이 아직 미취학 및 초등학교 저학년이라 엄마로서 책임이 크며, 가족의 정서적 안정을 추구하면서 교육에도 집중하고 있습니다. 더불어 사업과 일에 대한 책임감과 성취욕이 높기 때문에 아이들이 학교에 있는 동안에는 업무에 몰두하는 일이 흔합니다.

이러한 상황 때문에 저를 대신하여 업무를 원활히 수행할 수 있는 뛰어난 인재가 필요했습니다. 따라서 하루 9시간 또는 4시간 정도 상주하는 관리자(매니저) 체제가 적합했습니다. 이런 환경을 실현하고자 제가 센터에 없어도 직원이 업무를 자동으로 수행할 수 있도록 센터 운영 체계를 구축하고, 관리자 채용과 업무 체계, 인수인계 및 지시하는 방법에 이르기까지 매뉴얼을 작성하게 되었습니다. 덕분에 수년간 관리자와의 원활한 소통이 가능해지며, 중간에 인력이 변동하더라도 두 센터가 안정을 유지하고 있습니다.

물론 개인적인 사정 때문에 체계를 구축한 것은 아닙니다. 처음에는 주먹구구로 사업을 운영하다 보니 매니저에게 의존하는 경향이 커져 허수아비 원장으로 불렸습니다. 운동 업계 정보가 전무한 상태에서 부동산 컨설팅 업체의 '풀오토' 운영 제안을 받아 동네의 필라테스 센터를 인수하게 되면서 갑작스럽게 '원장'이 되었습니다. 업계 상황과 운영 방식을 모르는 상황에서 기존 근무자인 매니저에게 일을 배우며 센터에 적응하는 방법이 최선이었습니다.

그러나 직원으로부터 온갖 무시와 월권 행위를 당하면서도 관리자에게 마음대로 좌지우지당하는 상황에 처해졌습니다. 근로계약서부터 실천 방법까지 몰라서 노사 갈등에 휩싸이게 되었고, 약 2년 반 동안 허수아비처럼 시간을 보냈던 결과는 결국 파멸로 이어졌습니다.

당시에는 운영 및 법률 지식이 부족하여 갈등이 발생했습니다. 이로 인해 근로기준법에 억울한 손해를 입게 되었습니다. 분통이 터져 잠을 못 이루고, 자책과 자괴감에 시달렸습니다. 하지만 시간이 지날수록 무지와 운영 체계 부족으로 인한 문제임을 깨달았습니다.

이 경험을 통해 후임자 채용 시 좋은 사람을 선택하기 위해 노력하게 되었습니다. 수습 기간 동안에 마음에 들지 않으면 정당한 이유로 해고를 진행하며 센터에 맞는 인재를 찾아내기 위해 노력했습니다. 그 과정에서 관리자 채용 방법, 업무 체계, 인수인계 방법을 정립하게 되었고, 현재는 상당히 업그레이드된 상태입니다.

이러한 노력과 체계 덕분에 성실하고 인격적인 직원을 채용하였으며 몇 년 동안 안정적으로 운영했습니다. 매니저는 3년 정도 근무하고 다른 지역으로 이사를 떠나긴 했지만, 마지막 순간까지 감사하는 마음으로 보냈습니다. 업무 조력자 이상으로 저의 상처를 치유해 준 은인이었습니다.

이어서 후임자도 성공적으로 채용했고, 다른 지점의 관리자도 뽑았는데, 모두 업무적으로 손발이 잘 맞는 인재들입니다. 그렇다고 제가 터무니없이 급여를 많이 주고 있는 것도 아닙니다. 본문에서 한번 더 언급하겠지만, 물질적인 보상만으로는 직원의 업무 만족과 근속을 높일 수 없기 때문이죠.

이 행복은 관리자 채용과 업무 체계 정립의 결과라고 자신합니다. 또한, 대표자로서 제가 실무를 능숙하게 해온 성과이기도 합니다. 비록 고통과 풍파를 겪으며 프로세스를 만들었지만, 다른 대표님들은 직원 때문에 힘들어하지 않았으면 하는 마음이 앞섭니다. 더불어 직원이라면 좋은 센터를 구분하는 안목을 길러 효율적이고 안정적으로 일할 수 있기를 바랍니다. 생각을 실천하고자 제가 축적한 자료와 노하우를 전자책으로 정리하여 강의와 컨설팅에 활용하고 있습니다.

구독자분들이 이런 의도와 목적을 먼저 이해하시면, 더 집중해서 내용을 이해하실 수 있을 것입니다.

# 운영 체계의
# 중요성을 강조하며

　수백명의 대표자를 만나고 컨설팅을 하면서 그들이 가장 어려워했던 부분은 고난이도의 세일즈나 생소한 시스템 사용법이 아니었습니다. 바로 기본적인 운영 체계를 구체화하고 각자의 센터에 맞게 설정하는 일이었습니다. 강의나 컨설팅 후에 귀감과 인사이트는 많이 얻었지만 어디서부터 해야 할지 고민만 하다 시간을 보내는 경우를 많이 봤습니다. 컨설팅할 때 해당 센터를 파악해서 방법을 알려드리지만, 현장 수업과 일상에 젖어 기본 체계의 중요성을 잊곤 했습니다. 이후에 중간 점검을 해도 의뢰자들의 자신감은 이미 저하돼서 원점으로 돌아갔습니다.

　안타까운 마음에 운영 체계의 항목을 더 쪼개어 관련 강령을 기록해서 운동 업계-피트니스, 필라테스, 요가 등 어디서든 활용 가능한 매뉴얼을 만들었습니다. 이 자료를 저만 가지고 컨설팅이나 강의 자료로 활용할 수 있지만, 업계의 성장과 종사자들의 업무 애로사항을 해결하고자 서적으로 집필했습니다.

업계 환경 특성상, 출근하는 장소가 사무실같이 좌석을 지정하지 않고 고객과 함께 운동하며 관련 서비스를 제공하는 일을 주로 합니다. 업무 현장에서 문서 작업을 할 시간이나 여건이 부족하고, 운동 지도만 해도 큰 문제가 없기 때문에 문서작업의 중요성이 상대적으로 낮습니다.

더해서 운동 지도 업무 환경 탓에 자칫 고객과 같은 선상에서 일터를 자신이 운동하는 곳이라 착각할 가능성이 높습니다.

업계 종사자에게 피트니스, 필라테스 센터는 오피스 즉, 사무실입니다. 운동 서비스도 제공하면서 업무 체계와 노하우, 지식을 기록하고 정리하는 작업도 병행해야 합니다. 이를 기반으로 개인의 역량부터 팀의 결속, 센터의 발전을 지속할 수 있습니다.

업무 기록은 복잡한 상황이나 갈등을 정리하고 해결책을 도출하는 데 도움이 됩니다. 이러한 정답들이 모여 운영 체계와 실행 방법을 형성하며, 문제나 갈등을 신속히 해결할 수 있는 기반이 됩니다.

또한, 강사, 트레이너, 관리자의 기록물은 경력 포트폴리오의 중요한 구성 요소입니다. 진급이나 이직을 고려할 때는 말보다는 증거 자료와 증빙 문서가 필요합니다. 별도로 경력과 성과 지표를 만들 필요 없이 그동안 쌓은 일지로 자신을 소개할 수 있습니다. 따라서 업무 순간을 개별적으로 기록하고 결과를 누적하는 것이 중요합니다. 이를 통해 추후에 사업을 창업할 때 업무 기록물은 가치 있는 자산으로 활용될 수 있습니다.

현실적으로는 현장 업무에 집중하다 보면 문서 작업에 제약을 느낄 수 있습니다. 이는 개인의 역량과 의지에 따라 다르지만, 어려움을 겪는 사람들이 많습니다. 특히 컨설팅을 하는 과정에서 의뢰자에게 필요한 요소와 내용을 전달해도 정리하는 데 시간이 걸리거나 중도 포기하는 경우가 있습니다. 그래서 피트니스 필라테스 업계에서 공통적인 운영 체계와 실무 관리에 대해 정리하여 서적을 집필했습니다.

피트니스 업계에서 많은 운영 지침서가 등장했지만 그 어떤 곳에서도 운영 체계의 필요성과 실무 관리자, 현장 사무 업무에 대해 다루는 자료는 없었습니다. 그런 의미에서 이 서적은 각 센터, 대표자, 예비창업자, 강사·트레이너에게 실무 교과서가 될 겁니다.

이 경험과 노하우가 유일무이한 운영 가이드북으로 탄생하게 된 것은 오로지 저의 의지만은 아닙니다. 가치와 가능성을 알아본 은인들은 따로 있습니다. 제 머릿속에만 머물러 있던 지식들을 구체적인 매뉴얼로 탄생하도록 조력해 주신 피트니스 경영 연구소 팀원-오경민, 허창현, 김재헌, 안성주 컨설턴트, 그리고 서적으로 출판하도록 아이디어와 방향성을 제시해 주신 비엠코퍼레이션 박주형 대표님께 감사함을 전합니다.

# CONTENTS

프롤로그     5

## 1장 | 관리자 채용 목적과 운영 체계

운동 업계 관리자란?     16

관리자의 필요성과 채용 목적     19

관리자 채용 전 고려 사항     26

관리자의 인건비 책정     29

관리자 채용 전 준비 사항     32

센터 운영 체계     42

## 2장 | 채용 방법

채용 조건 설정     65

관리자 고용 형태     68

근로기준법 준수     71

채용 공고     75

면접 기본 질문지 준비     87

면접 방법     88

## 3장 | 관리자 업무 체계

관리자 업무 매뉴얼 및 역할                    92
업무 세부 사항                              94
세일즈 매뉴얼 중요성                         100

## 4장 | 업무 인수인계 및 지시

업무 인계 플랜                              110
업무 인수인계 요령                           113
효과적으로 업무 지시하는 수단                 120

## 5장 | 채용 후 대표자가 하지 말아야 할 것들

일관성 가지기                               126
떠먹여 주기 금지                             127
기억과 호응하기                             129
지나친 배려 자제                             130
적당한 거리두기                             132
희망 고문 금지                              133

에필로그 | 자동화 시스템                      136

# 1장

## 관리자 채용 목적과 운영 체계

| | |
|---|---|
| 운동 업계 관리자란? | 16 |
| 관리자의 필요성과 채용 목적 | 19 |
| 관리자 채용 전 고려 사항 | 26 |
| 관리자의 인건비 책정 | 29 |
| 관리자 채용 전 준비 사항 | 32 |
| 센터 운영 체계 | 42 |

**FITNESS OFFICE 피트니스 필라테스 실무 관리 매뉴얼**

# 운동 업계 관리자란?

본 서적에서 다루고자 하는 '관리자'는 PT, 필라테스 센터, 헬스장, 피트니스 등에서 수업 이외의 업무를 담당하는 인력으로, 일반적으로 매니저, 실장, 팀장, FC로 불리는 직원들을 지칭한다. 관리자라는 직무는 많은 의미를 포함하고 있지만, 다음과 같은 3가지 유형의 직군은 별개로 두고 있다.

- v 수업을 진행하면서 관리 업무도 병행하는 필라테스 '전임 강사'
- v 센터 위탁 운영을 담당하는 '월급 원장', '대행사'
- v 팀원을 이끄는 선도자급 관리자

위의 3가지 유형은 업무 형태나 목표의 방향성이 서로 다르기 때문에, 본 서적의 내용 중 필요한 부분을 참고하면 도움이 될 것이다.

> ✂ **이 글에서 말하는 관리자의 형태**
> 한곳 내지 소수의 센터에서 다른 팀원 없이 단독으로 수업 이외의 운영, 영업 업무를 하는 사무영업직원. 직속 상사는 대표자

보통 대표자들이 구인하고자 하는 관리자는 다음과 같은 업무를 수행한다. 센터 전반적인 관리, 운영, 고객 응대, 상담 세일즈 등 행정 실무와 영업을 중점으로 하며, 강사·트레이너가 수업과 회원 관리에 집중할 수 있도록 조력하는 일이다. 현재는 온라인 마케팅의 중요성이 높아져 관리자가 마케팅에 대한 이해와 협조력이 필수다.

센터의 규모, 유효 회원 수, 운영 방식, 대표자의 가치관에 따라 업무 비중과 내용이 약간 다를 수 있으나, 전반적으로는 유사한 업무 구조로 되어 있다.

## 관리자와 강사·트레이너의 차이점

==필라테스 전임 중 일부 관리 업무를 수행하는 강사도 있지만, 본질적으로 업무 목적과 능력치가 다르다.== 전임 강사는 주로 수업에 중점을 두는 역할이며, 관리 업무는 서포트의 개념이기 때문에 두 영역에서 모두 전문성을 발휘하는 데 한계가 있다.

강사가 일부 관리 업무를 수행하더라도 '강사' 타이틀을 가지고 있으면 양질의 수업으로 고객 만족을 이끌어내고, 회원 관리와 수업 퀄리티를 유지하여 고객 이탈을 방지하는 것이 주목표다.

반면에 관리자는 센터 운영과 세일즈를 병행하며 궁극적으로 '매출'을 증진하는 데 목적이 있다. 그래서 관리자와 강사의 가장 큰 차이점은 목적에 있다. 이에 따라 관리자와 강사 채용은 뿌리부터 다르게 접근해야 한다. 이 부분은 관리자 채용 섹션에서 구체적으로 다루겠다.

# 관리자의 필요성과
# 채용 목적

    관리자를 채용하기에 앞서 대표자는 '우리 센터에 왜 인력이 필요한지' 목적을 명확히 정의해야 한다. 이렇게 하는 이유는 채용 후에도 일관성 있게 업무를 지시하고 진행할 수 있도록 하기 위함이다. 예를 들어, 막연하게 대표자가 수업이 많아서, 혹은 휴식을 이유로 대체할 인력을 임의로 선정한다면, 반대의 상황이 발생할 수 있다. 수업이 없는 상황이나 일할 여유가 생겼을 때, 해당 인력은 불필요한 부담이 될 수도 있다.

> ✵ **대표적으로 3가지 상황에서 관리자가 꼭 필요하다.**
> 1. 수업 비중이 높은 대표자
> 2. 오토 센터, 타 직종 대표자
> 3. 임신 출산, 연수 등 중장기 부재

## 1. 수업 비중이 높은 대표자

대표자가 퍼스널 브랜딩이 강하거나 수업에 중점을 두는 경우, 운영과 행정 업무를 병행하는 것에는 한계가 있다. SNS 브랜딩과 수업에만 전념하다 보면 센터 관리, 세일즈, 회원 관리, 마케팅 등의 업무가 소홀해지고 전문성이 떨어질 수밖에 없다. 이러한 상황에서는 관리자의 지원이 필요하다.

수업을 잘하고 많이 하는 대표자는 해당 역량으로 고객을 유치하고 재등록으로 매출을 창출한다. 이 능력이 센터의 성장을 이끌어내는 핵심인 경우, 유지하는 것이 합리적이다. 물론 강사 인력을 본인과 동일하게 키우는 방법도 있지만, 에너지와 시간이 상당히 소모되기 때문에 비효율적인 부분도 있다. 경기 침체와 경쟁 심화 속에서 다른 업체와 차별화되는 특장점을 지속하는 것이 중요하며, 특히 대표자의 수업 능력이 이에 해당하면 계속 발전시켜야 한다.

최근에는 SNS를 통한 퍼스널 브랜딩이 강조되고 있어, 대표자가 이를 효과적으로 활용하는 경우가 늘고 있다. 이러한 퍼스널 브랜딩은 기업 수준의 파급력을 갖고 있어 사업의 성장과 확장을 위해 필수적이다.

물론 운영 업무를 소홀히 하라는 의미는 아니다. 대표자는 사업장의 리더로서 운영, 행정, 세일즈를 기본적으로 수행할 수 있어야 한다. 이는 관리자의 인재상을 구축하고 인수인계 교육을 효과적으로 수행할 수 있는 기반이 되기 때문이다. 그 후에는 관리자에게 실무를 맡긴 다음, 대표자는 수업과 회원 관리에 중점을 두고 운영, 마케팅 등의 업무는 관리자의 성향과 소질에 따라 분배하면 장기적으로 안정성을 확보할 수 있다. 나아가 대표자가 수업을 강사에게 차차 분배하고 여유가 생길 경우, 수업과 관리자 채용에 대한 노하우를 바탕으로 다수의 지점을 계획하는 것도 가능하다.

## 2. 오토 센터, 타 직종 대표자

대표자가 수업이나 센터 실무 자체를 수행하기 어려운 경우, 관리자 상주는 더욱 필요하다. 흔히 '**오토 매장**'이라 불리며, **직원에게 운영 전반을 일임하고 매출 파악, 센터 환경 유지 등 존속에 굵직한 부분만 관여하는 경우를 말한다.** 대표자의 참여 정도에 따라 '오토, 반 오토'로 칭해지기도 한다. 대표자가 다른 본업이 있거나, 여러 지점을 운영하며 지점 현황 관리만 하는 프랜차이즈 운영자가 대표적인 예시다.

오토 매장의 관리자는 마치 운영 대행자처럼 센터 실무부터 세일즈, 강사 관리까지 전반적으로 수행해야 하므로 업무 수행 능력이나 업계 이해도, 영업 능력 등을 두루 갖춰야 한다. 그래서 채용부터 업무 교육도 심도 있고 치밀하게 진행할 필요가 있다.

1인 매니저가 모든 업무를 수행하기 어려운 경우, 팀장–부팀장, 실장–매니저 형태로 2인 관리자 체제로 운영할 수 있다.

팀장은 전반적인 운영 관리, 회원 분석, 마케팅, 시설 점검, 강사 관리, 세일즈를 주로 하고, 후임자는 회원 관리, 수업 스케줄 관리, 환경 정돈, 마케팅 조력 등 업무를 분배해서 수행한다.

단, 이 경우 인건비가 두 배로 들기 때문에 평균 매출과 강사료 등 재무제표 분석 후 인력을 배치해야 한다.

필자는 현재 오토 형태로 두 지점을 운영하고 있다. 거주지에서 상대적으로 거리가 먼 지점은 9시간 풀타임 관리자를 배치해서 현장 업무를 일임하고, 주로 비대면으로 회의와 소통을 한다. 강사 관리 또한 매니저가 전담하고 있다. 가까운 지점은 4시간 아르바이트형 관리자를 채용해 해당 시간에 수행할 수 있는 업무를 지시하고, 이외의 마케팅, 강사 관리, 매출 관리 등은 대표자가 직접 수행하고 있다.

오토 센터는 대표자의 상황과 업무 처리 능력에 따라 관리자의 근무 및 업무 형태를 다르게 할 수 있는 장점이 있다. 물론 대표자가 모든 업무를 이해하고 지시할 수 있다는 전제하에 변형이 자유롭다.

## 3. 임신 출산, 연수 등 중장기 부재

대표자가 3개월 이상의 중장기적 부재가 불가피한 경우, 예를 들어 임신, 출산, 해외 연수, 교육 강의 등 그 기간의 운영 업무를 대신할 관리자가 필요하다.

가끔씩 강사나 트레이너에게 실무를 분배하고 대표자가 빠지는 경우가 있다. 하지만 추가 급여와 별개로 그들에게 부담과 책임만 안겨주는 행위는 좋지 않다. 합의가 되었다 하더라도, 실제로는 수업만 하는 강사나 트레이너가 실무를 잘 수행하는 데 한계가 있어 애매한 결과를 초래할 수 있다. 결국 이러한 미흡함이 고객에게 전달되어 불만 및 매출 하락으로 이어질 가능성이 높다.

인수인계의 시간이 걸리더라도 대표자의 부재를 빈틈없이 채울 수 있는 현명한 방법으로는 단기 아르바이트, 계약직 직원 등을 채용하는 것이 좋다. (필라테스 전임 사례와 유사하다)

또한 **대표자가 현장에 없기 때문에 업무 체계를 시각적으로 정리하여 관리자가 업무 내용을 즉각 열람할 수 있는 환경을 만들어야 한다.** 효율적인 소통을 위해 통화나 메신저를 활용하여 업무 지시와 보고 툴을 명확히 설정하는 것이 중요하다. 대표자가 출산이나 신생아 육아로 인해 소통이 어려울 때를 대비하여 사고나 불만 사항에 대한 대응을 위한 예시 리스트를 작성하고, 일차적으로 현장에서 응대한 후, 해결이 어려운 경우 대표자를 대신하여 결정할 수 있는 비상 연락망도 구비해야 한다.

이 경우 급작스럽게 발생하는 상황이 아니기 때문에, 대표자 부재 시점에서 한두 달 전에 대표자가 없어도 운영이 되는 환경을 차근차근 만들고 모의 상황도 거쳐야 한다. 그래야 센터 운영과 매출을 유지하면서 대표자도 목표한 계획을 만족스럽게 완료할 수 있다.

특히 출산과 육아를 앞둔 대표자 (여성, 남성을 막론하고) 꼭 숙지하길 바란다.

## 특정 상황
## 대표자-강사 트레이너 관리 업무 협업, 필라테스 전임 체제의 오류

필라테스 업계에만 존재하는 업무 체계인 '전임 강사'는 필자 또한 직접 겪었으며, 백 명을 넘는 대표자의 일관된 경험담이다.

센터를 오픈하고 초반에는 수업이 많지 않아 전임 강사를 채용하여 수업과 실무를 맡겼지만, 고객이 늘어남에 따라 강사들은 수업 이외의 업무를 처리하기 어려워졌다.

블로그 관리, 인스타그램 게시물 작성, 청소, 상담 등의 업무를 배정하였지만, 수업이 늘어나면 대표자도 일을 시시기 어려운 상황이 발생한다. 강사들은 기본급에 수업료까지 받으면서 수업만 하는 레슨 중심의 강사 체제로 전환된다. 이는 곧 인건비 과다 지급의 대표적인 예시로 나타난다. 대표자는 억울할지 모르겠지만, 강사는 수업 때문에 실무를 소홀히 할 수밖에 없는 명확한 상황이 있기 때문에 안타깝게도 대표자는 손해를 보게 된다.

수업 개수를 제한하는 방안도 있지만, 중간에 흐지부지되기 마련이고, 강사가 수업 중에 실무 퀄리티를 높이기 어렵기 때문에 대표자는 항상 부족함을 느끼게 된다. 물론 수업을 하면서 블로그도 잘 관리하고 센터 업무에 적극 협조하는 강사·트레이너도 있겠지만, 에너지 한계와 책임감 과부하로 인해 장기간 일할 수 없는 경우도 있다. 이러한 문제를 해결하기 위해서는 대표자가 적절한 급여를 제시해야 한다.

**고민과 리스크를 피하려면 실무에 전념하는 관리자를 고용하여 수업과 관리 업무를 명확하게 분리하는 것이 운영에 효과적이다.** 전임 강사들을 파트 타임으로 전환하고 그 절약된 기본급을 관리자에 투입하는 방식이다. 초기에는 인건비가 소폭 상승할 수 있지만, 장기적으로는 센터 운영의 안정성을 확보할 수 있다.

때에 따라 관리자의 근무 시간, 업무 범위, 업무별 중요도, 그리고 급여가 달라지기 때문에 대표자의 상황을 먼저 파악하고 이에 맞게 관리자 채용 계획을 세우는 것이 필요하다.

필자는 특별한 경우가 아니라면 전임 체제를 지양하는 것이 바람직하다고 당부한다. 여러 경험담에서 나타난 것처럼 이런 구조는 어느 한 쪽이 희생되는 경우가 발생하며, 대표자의 무지와 꼼수는 결국 손해로 이어질 확률이 높다.

# 관리자 채용 전 고려 사항

==관리자가 필요한 상황임을 인지한 후 바로 파악해야 할 것은 '매출과 인건비'다.== 강사는 수업에 따른 인건비가 책정되지만, 관리자는 상당한 고정급이 나가기 때문에 평균 매출과 기대 매출, 평균 인건비를 계산해서 관리자 채용 여부를 확정하고 급여를 설정해야 한다.

일반적으로 풀타임으로 약 8~9시간 정도 일하는 매니저의 경우, 기본 200~300만 원 사이의 급여를 받는다. 최저 시급으로만 월급을 계산해도 200만 원 초반이기 때문이다. 그래서 인력을 충원하면 현재 인건비에서 200만 원 정도 추가된다는 것을 알 수 있다. 200만 원이 빠져도 수익 구조와 센터 유지에 크게 영향이 없으면 문제없지만, 이러한 경우는 일반적이지 않기 때문에 한 사람 치 인건비를 더 벌어야 하는 일이 발생한다.

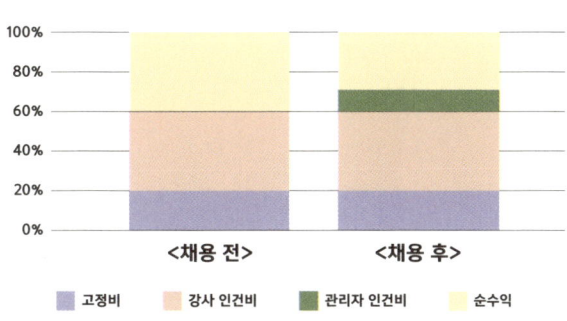

수업하는 대표자라면 그만큼의 회원 유치와 수업을 하면서 인건비를 충당할 수 있지만, 오토매장의 경우는 마케팅, 세일즈 전략으로 매출을 증대시켜야 한다. 이는 입사한 매니저도 일조할 업무다.

누군가 한 명 들어오면 인건비와 매출 목표가 달라지고 운영 방식, 마케팅, 홍보 방법에도 영향을 미치기 때문에 관리자 채용 전 수익 구조와 인건비를 명확하게 파악해야 한다. 만약 센터에 적합한 관리자 채용과 업무인계에 대한 컨설팅을 받거나 조언을 구한다면, **평균 매출과 인건비, 고정지출 이 3가지를 먼저 따져보는 것을 권장한다.**

관리자 채용 컨설팅을 진행하면서 거의 모든 의뢰자가 인건비를 고려하지 않는다는 것을 발견했다. 현재 업무 부하로 인해 놓치는 고객을 잡기에만 급급해 관리자 채용을 계획한다. 물론 그 후에 가이드를 얻고자 컨설팅을 신청하지만, 현실적으로 인건비를 충당할 수 없는 매출 구조임에도 불구하고 무리하게 채용하는 경우도 있다.

그러나 대표자의 업무 과부하는 센터 운영 체계의 미흡으로부터 비롯되기 때문에, 관리자 채용보다는 먼저 안정적인 업무 환경을 마련하는 것이 중요하다. 이를 통해 생각보다 추가 인력이 필요하지 않거나 단기 근무자만으로 충분한 상황도 있을 수 있다.

# 관리자의 인건비 책정

관리자의 급여는 어느 정도가 적절할까?

첫 번째, 통상적인 금액을 파악하기 위해서는 업계 구인 구직 플랫폼을 참고하는 것이 가장 유용하다. 요가 필라테스 부문의 '호호요가', 피트니스 부문의 '스포드림'의 관리자 채용 공고를 확인하자.

똑같이 설정하라는 의미가 아니다. 업계 통상적인 기준은 유지하면서 차별화된 채용 공고를 올리기 위한 조사의 일환이라 보면 된다.

두 번째, 통계적으로 접근하는 것이 올바른 방법이다. 관리자의 급여는 강사료까지 포함한 총 인건비의 5~8% 선이 적당하며, 적어도 10%가 넘지 않도록 하는 것이 합리적인 비중이다. (대표자의 수업료는 미포함)

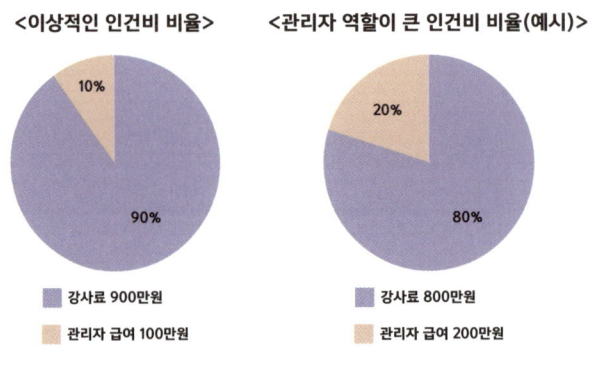

예시) 총 인건비 1,000만원

　이 통계는 필자가 약 4년 동안 백 명 이상의 대표자들을 만나서 조사한 결과로, 우리 업계 전문 세무사와의 인터뷰에서 얻은 수치다. 물론 대표자 이상으로 관리와 마케팅, 세일즈 역량이 뛰어난 인력은 급여가 상대적으로 높을 수 있다. 이 경우엔 그만큼 센터에 영향력이 크고 매출도 잘 내는 인재일 가능성이 높아 예외로 두고 있다. 그렇다 하더라도 인건비의 20%가 넘지 않도록 유념해야 한다.

　결론적으로, 매출 대비 인건비에서 관리자의 인건비가 추가되더라도 순이익 구조가 유지되거나 매출 증대 전략이 명확하다면 채용해도 충분하다. 센터의 순수익이 소폭 하락하더라도 대표자가 다른 업무에 집중하여 수익을 창출할 수 있거나, 환경적 안정성 면에서 장점이 크다면 채용하는 쪽을 선택해도 좋다.

다만, 매출 대비 인건비가 높은데 추가로 관리자를 채용하는 것은 장기적으로 손해가 될 수 있다. 마케팅과 홍보 전략을 구체화하여 어느 정도 매출을 올리거나 기존 인건비를 조정하고 관리자를 채용하는 방법을 권유한다.

다지점을 운영하는 대표자의 경우, 지점 위치, 상권 특징, 매출, 지출, 인건비 등이 다르기 때문에 이런 점을 반영해서 관리자의 인건비 비율을 책정할 수 있다.

필자의 경우, 거리가 먼 지점은 거의 풀오토라 관리자의 역할이 상당히 중요하다. 강사들 또한 장기 근속자로 수업료가 모두 인상된 상태다. 매출 대비 인건비가 높은 편이지만 대표자의 개입이 적어도 안정적으로 운영되고, 이로 인해 필자는 육아와 다른 업무에 집중할 수 있다. 관리자 급여가 인건비의 10%를 조금 넘어가더라도 다른 분야에서 가치 창출이 가능하여 본질적인 리스크는 적다고 판단된다.

반면, 거주지와 거리가 가까운 지점은 필자가 직접 관리자 업무를 약 50% 이상 할 수 있기 때문에 단시간 매니저를 고용해서 관리자 인건비를 최소화했다.

한 지점에서 일정한 고정 비용이 발생하는 상황이라면, 다른 지점에서는 수익을 극대화하는 방안을 모색해야 한다. 모든 지점을 동일하게 운영한다면 서로 보완하기 어렵고, 경기침체 등 외부 요인으로 모든 지점이 부정적인 영향을 받을 수 있다.

# 관리자 채용 전 준비 사항

채용을 확정했다면 공고를 올리기 전, 필수로 준비할 사항이 6가지가 있다.

> ✂ **필수 준비 사항 6가지**
> 1. 대표자의 시간
> 2. 센터 운영 체계
> 3. 관리자의 업무 범위 설정
> 4. 대표자의 실무 능력
> 5. 희망하는 인재상, 인력 계획
> 6. 행정문서

## 1. 대표자의 시간

관리자가 입사하면 알아서 일을 하는 것은 드물다. 간혹 대표자는 관리자를 채용한 후에도 바로 현장에 투입하며 방치하는 경우가 있는데, 대표자로서의 업무 태만 및 책임 회피의 행태다. 이러한 상황에서 관리자는 일을 꼼꼼하게 배울 수 없다. 따라서 입사부터 치밀한 교육과 세심한 업무 수행 능력 파악이 필요하며, 이 일은 대표자가 직접 수행해야 한다.

기존에 이미 관리자가 있다면 해당 관리자를 선임으로서 인수인계를 하도록 지시할 수 있지만, 새로운 인재가 대표자에게 신뢰를 가질 수 있도록 대표자도 직접적인 관심을 기울여야 한다.

이를 위해서는 **대표자가 관리자를 교육하는 시간을 충분히 확보해야 한다.** 최소한 한 달 동안 수습 기간 동안 하루에 2~3시간 정도 대면 교육을 실시하는 것이 바람직하다. 대표자는 시간과 에너지를 미리 계획하여 확보해야 한다. 그렇지 않으면 좋은 인재라 할지라도 충분한 교육을 받지 못해 업무 결과가 만족스럽지 않을 것이다. 대표자가 초기부터 꼼꼼하게 업무를 인계함으로써 서로 간의 신뢰와 협력 관계가 형성되고, 업무 능력도 향상되어 결국 장기근속에 긍정적인 영향을 준다.

그러므로 대표자는 채용 전에 수업이나 외부 업무 등을 조절하여 새로운 인재를 맞이할 준비를 갖춰야 한다.

## 2. 센터 운영 체계

관리자 교육을 실시하려면 교과서가 필요하다. 현장에서 구두로 전달되는 정보는 즉각 휘발되기 마련이기 때문이다. 누적된 업무 내용을 시각적으로 제시하고 명확한 설명을 통해 기억에 남도록 하면, 즉시 실천할 수 있는 능력을 키울 수 있다.

이 기반은 바로 '업무 매뉴얼'에 해당한다. 관리자의 존재 여부와는 별개로, 센터 운영에서의 핵심이자 필수 요소는 '센터 운영 체계'다. 회원 관리, 환경 관리, 회원권, 시간표, 세일즈 방법, 강사 운영, 노무, 세무, 행정 서류 등과 같은 사업장의 특징과 운영을 지속 가능하게 하는 '방침서'가 이에 해당한다. 이러한 '센터 운영 체계'가 바로 '관리자 교육 매뉴얼'로 이어진다.

센터 체계를 정립하고 문서화하고, 직원들이 이해할 수 있도록 각색만 하면 교육 자료가 된다.

인재를 채용한 후에 매뉴얼을 작성하려고 하면 늦다. 체계가 부족하다면 이를 기회로 삼아 정립하고 문서화해야 한다. 그러나 체계가 이미 잘 잡혀 있다면, 대표자가 원하는 내용을 추가하여 교육 자료로 체계화하고 도식화하는 것을 추천한다. 이 과정에서 관리자의 업무 비중과 인재상의 윤곽이 명확해진다.

운동 업계의 기본적인 운영 체계에 대해서는 다음 장에서 자세히 다루겠다.

## 3. 관리자의 업무 범위 설정

　업무 체계 중에서 모든 항목이 중요하지만, 특히 관리자가 집중해서 수행해야 하는 일들이 있다. 대표자의 능력과 센터 상황에 따라 유동적이다. 일반적으로 센터의 대표자가 마케팅과 홍보를 직접 수행하면 관리자는 서포트하고 세일즈와 고객 관리에 주력하기를 바랄 것이다. 다만, 수업과 세일즈에 뛰어난 대표자의 경우 관리자에게는 마케팅과 센터 환경 관리를 맡길 수도 있다.

　**다양한 케이스로 인해 정리된 센터 업무 체계를 확인하고 관리자의 업무 범위와 비중을 설정해야 한다. 이를 통해 각 항목에 따른 행동 강령과 원칙을 정하고, 업무 평가 기준도 자연스럽게 설정할 수 있다.**

　필자의 경우, 거주지 근처 지점에서는 온라인 마케팅과 홍보를 직접 수행하고 장기근속한 강사진을 많이 보유하여 강사 관리를 맡았다. 상황상 육아와 컨설팅, 강의를 병행하면서 센터에 상주하기 어려워졌다. 그래서 오후에 4시간만 근무하는 관리자에게 '회원 관리'와 '센터 환경 관리'를 중점으로 맡기고, '영업 업무'는 직접 교육하여 세일즈 역량을 향상시킬 수 있도록 피드백하고 있다.

　대표자는 자신의 능력과 상황을 고려하여 미리 관리자의 업무 범위와 비중을 설정하길 바라며, 이러한 계획을 통해 센터 운영을 원활하게 이끌어나갈 수 있을 것이다.

## 4. 대표자의 실무 능력

생각보다 원장이나 대표자들이 센터의 실무를 충분히 이해하지 못하거나 수행 능력이 부족한 경우가 많다. 원인은 강사로서 수업만 하다가 실무 경험을 충분히 쌓지 않고 창업하여 대표가 되었기 때문이다. 창업 이후에도 대표가 수업만 하며 명확한 운영 체계 없이 일을 하다 보니 실수나 누락이 잦고, 주관적이고 감각적인 운영 상황이 지속된다.

대표자가 운영이나 실무를 모른 채 관리자를 채용하면 제대로 된 교육도 불가능하고 소통도 원활하지 않아 관리자가 오래 일을 못하고 퇴사로 이어질 수 있다. 간혹 성품이 나쁜 사람이 들어오면 센터를 본인 마음대로 좌지우지하거나 대표자에게 월권을 행사하기도 한다.

**최악의 상황을 예방하려면, 대표자가 실무를 잘 알고 수행할 수 있어야 관리자에게 정확한 지시를 내리고 원활한 협업이 가능해진다.** 강사의 경우도 진정으로 회원 입장에서 수업을 준비하고 맞춤형 티칭을 잘하는 사람들의 공통점이 있다. 바로 직접 운동을 실천하며 관련 지식이 풍부한 강사들이다.

대표자의 실무 능력도 마찬가지다. 자신이 실무에 약점을 느낀다면, 지금이라도 운영 체계를 정립하고 실무 노하우를 쌓아 나가는 것이 중요하다.

## 5. 희망하는 인재상, 인력 계획

앞서 진행해야 할 일들인 센터 운영 체계, 관리자 업무 매뉴얼, 대표자의 실무 수행은 하나씩 실천함으로써 알지 못했던 센터의 특장점이 부각되고 새롭게 만들어질 수 있다. 가상의 관리자를 상상하며 업무 매뉴얼을 작성하다 보면 성향과 자질, 소질을 가진 사람이 그려진다. **인재상을 명확히 정립하고, 이를 기반으로 공고를 작성하고 면접을 진행함으로써 대표자가 원하는 직원을 선발할 확률이 높아진다.**

사전에 희망하는 인재상과 자질, 능력 등 근거를 기반으로 공고를 설정하면, 대표자가 생각하고 바라는 직원이 들어올 가능성이 커진다. 또한, 상황에 맞게 인력 계획을 세우고 업무 시작일, 근무 시간, 급여, 복지 등 정리해 두면 채용과 다른 경로로 인력 소개를 받기에도 수월하다.

강사와는 달리 관리자는 주변 소개로 채용하는 경우가 많다. 관리 업무는 업종과 관계없이 특정한 능력과 자질만 갖추면 되기 때문에 지인의 추천도 고려해야 한다. 그러나 무작정 추천을 받으면 면접이나 실제 채용 과정에서 서로의 기대와 조건이 다를 수 있으므로, 처음부터 공고 내용을 간략하게 정리하여 저장하고 지인에게 공유하면 더 적합한 인재를 소개받을 수 있다. 그 후에는 정식 채용 과정을 거쳐 선발하면 된다.

## 6. 행정 문서

관리자는 행정업무도 필수로 수행하므로 계약서나 문서를 사전에 이해해야 한다. 또한, 법적인 부분이 포함된 문서(회원 가입 계약서, 근로계약서, 프리랜서 계약서 등) 실수나 누락이 없도록 명확하게 설명해야 한다.

관리자의 업무에서 중요한 부분으로, 미숙하게 처리하거나 오류가 발생할 경우 관리자는 책임과 패널티를 감수해야 하는 사항이기도 하다.

관리자의 업무 첫날에 근로계약서를 작성해야 하므로 준비 및 계약은 필수다. 수행하지 않으면 근로기준법을 위반하는 것으로 벌금까지 발생한다. (2장 근로기준법 준수 참고)

프리랜서 강사진이 있는 경우에는 대표자의 대행 업무를 하는 관리자가 강사들에게 프리랜서 대우를 하도록 관련한 계약서와 노무 정보를 함께 인지시켜야 한다.

당사 대표자는 노무 체계와 주요 사항을 정확히 이해하고 직원들에게 명확하게 전달할 수 있어야 한다. 근로기준법은 매년 변경되므로, 지속적인 관심과 업무 수행에 대한 책임감을 가지고 변화를 인식하고 학습하여야 한다.

## 필요 행정 문서

1. 근로계약서, 프리랜서 계약서
2. 회원 가입(양도) 계약서
3. 상담 체크리스트(문진표)
4. 업무 매뉴얼

회원 상담 시 체크리스트를(문진표) 사용하는 경우 활용 방법에 초점을 맞춰 문서의 설명서도 준비한다.

체크리스트는 세일즈의 기본이자 성공의 핵심이므로, 구성 항목과 회원에게 설명하는 방식이 매우 중요하다. 특히, 피트니스 필라테스 업종과 센터마다 차이가 있으므로 직접 구성하고 업데이트하는 것이 바람직하다.

반면 근로계약서와 프리랜서 계약서는 직접 만드는 걸 지양하고, 웹사이트에서 출처가 불분명한 파일을 사용하지 않도록 한다. 법적인 요소를 포함하고 있으면서 우리 업계에 맞춘 조항을 사용해야 하기 때문에 꼭 검증된 계약서를 사용한다.

최근, 서울특별시가 2023년에 검증된 공공기관으로서 '서울시 운동 트레이너 맞춤 계약서'를 개발하고 배포하고 있다는 기쁜 소식이 있다.

이 계약서는 업계에 맞춤화되어 활용할 가치가 높다. 필자는 개발 과정에 직접 참여하여 현재 업계에서 사용되는 최적의 계약서임을 자신한다.

서울시 고위직, 교수진, 법조인 등의 저명한 전문가들이 수개월 동안 노무 현황 분석, 사례 수집, 연구를 통해 이를 완성했다. 계약서와 함께 해설서도 함께 제공되어 열람이 가능하다. 이 문서는 대표자뿐만 아니라 강사, 트레이너, 그리고 관리자 직원들에게도 중요한 정보다.

'서울형 운동 트레이너 표준계약서' 다운로드 경로
서울특별시청 홈페이지 → 분야별 정보 → 경제 → 노동소식

<2024년 기준, 서울특별시 홈페이지 계약서 열람 방법>

운동 업계 대표자는 직원 계약서와 함께 '회원 가입 계약서'도 필수로 구비해야 한다. '회원권'이라는 '멤버십' 상품을 판매하기 때문에 관련된 약정을 상세하게 안내하고 이용 동의를 받아야 한다.

대표적으로 '회원 정보, 회원권 정보, 시설 이용 규정, 회원권 이용 조건, 휴회, 양도, 해지 약정, 개인정보 동의 항목은 필수다.

여기서 센터와 회원 간 약정도 중요하지만 우선하는 건 '소비자보호법'이다. 소비자법에 반하는 약정은 무효다. 그래서 대표자와 관리자는 소비자법을 준수한 약정과 조건으로 회원 가입 계약서를 구성하고 인지 및 고객에게 안내할 수 있어야 한다.

이 내용을 모두 담은 행정 문서는 '업무 매뉴얼'이다. 재차 강조하지만, 체계화, 문서화한 업무 매뉴얼은 교육 자료이자 센터의 운영 방침과 비전의 핵심이다. 관리자가 이해하고 대표자와 같은 방향을 보며 성장을 하길 원한다면 채용 전에 반드시 준비해야 한다.

# 센터 운영 체계

　필라테스 피트니스 업계 운영체계는 다른 업종에 비해 항목이 많고, 관리해야 할 요소도 상당하다. 센터의 규모에 관계없이 회원, 강사, 회원권, 시설, 마케팅 등 동시에 다뤄야 하므로 대표자의 세심함과 멀티태스킹 능력이 필요하다. 따라서 업무 효율성을 높이기 위해 운영 체계를 세분화하고 매뉴얼로 만드는 것이 중요하다. 우리 업계의 대표적인 운영 체계와 내용을 짚어보겠다.

　큰 틀에서 주요 운영 항목은 총 10가지로, 인력과 노무 관련, 회계, 회원 관리, 회원권, 수업 정책, 센터 시설 이용, 시설 관리, 사고 재난 대비, 마케팅 홍보 정책, 기타 국가 지원사업, 센터 비전 설정 등이 포함된다. 이러한 항목 안에서 정립해야 하는 체계는 모두 중요하여 생략할 것이 없다. 표에 있는 항목별 설명만 잘 숙지해도 완벽에 가까운 운영 체계가 만들어진다.

운영 초반에는 필자 또한 10가지 항목과 내용을 완벽히 만들어서 시작한 것은 아니다. 처음에는 회원 관리나 회원권, 수업 정책, 마케팅 홍보와 같이 매출과 직결되는 요소에만 집중했다. 그러나 외부 문제가 발생했을 때는 지침이 따로 없어 주먹구구로 해결하기에 바빴다. 결과적으로 문제는 깔끔하게 해결되지 않았다.

시행착오를 겪으면서 필자는 노무, 세무, 센터 시설, 환경 관리, 사고 재난 등 항목을 추가해 가며 세부 요소와 행동 지침을 정리해 나갔고, 약 2년에 걸쳐 탄탄한 운영 체계를 만들었다. 물론 트랜드와 고객 성향, 회원권에 따라 업데이트를 수행하였지만, 기본 틀은 크게 변하지 않았다.

이러한 체계적인 운영은 코로나 팬데믹, 경기 침체, 경쟁 심화 등 외부 리스크에도 내부 체계가 탄탄하여 불안감과 심리적 위축으로부터 자유로웠다. 또한, 당면한 문제를 객관적으로 처리하는 데 체계가 큰 도움이 되었다.

운영 체계는 필자의 센터를 중심으로 개발되었지만, 피트니스 필라테스 업계를 기준으로 하여 다른 센터에서도 적용 가능하도록 조정되었다. 이러한 경험을 바탕으로, 운영 체계와 자동화 시스템에 관한 컨설팅을 제공할 수 있었다.

| 운영 항목 | 설명 | 행정서류 |
|---|---|---|
| 인력(노무) | • 직무체계 (수업료, 보수, 직책, 복지 등)<br>• 근로, 용역계약서<br>• 채용, 면접 프로세스 / 퇴사 프로세스<br>• 커뮤니케이션 채널<br>• 업무체계<br>• 인력 운영 계획 | 근로계약서<br>프리랜서계약서<br>해촉증명서<br>업무보고서 |
| 회계(세무) | • 사업용계좌, 카드 / 현금매출 관리<br>• 고정지출 관리<br>• 결제 수단: 카드단말기, 사업용계좌, 지역페이, 온라인결제<br>• 장부관리(고정지출 자동 이체)<br>• 지출증빙<br>• 세금납부 시기<br>• 수익구조분석 및 통계 (유입회원분석)<br>• 매출 관련 파악 경로: 홈텍스, 여신금융협회, 온라인결제 채널 | |
| 회원관리 | • 영업, 재등록<br>• 가입계약서<br>• 컴플레인, 회원 유형 파악<br>• 세일즈 전략, 상담 스크립트 | 회원가입계약서<br>문진표<br>(상담 / 개인레슨)<br>양도계약서 |
| 회원권 | • 구성: 개인, 그룹, 패키지 등<br>• 금액: 레슨별 회당금액 마지노선<br>• 시기별 이벤트<br>• 그룹레슨 시간표<br>• 양도, 휴회, 환불, 추가 비용 | 소비자법 자료 |

<피트니스 필라테스 대표적인 운영 체계1>

| 운영 항목 | 설명 | 행정서류 |
|---|---|---|
| 수업정책 | · 회원공지 필요<br>· 개인레슨<br>· 그룹레슨<br>· 공통 | 세션지 |
| 센터이용 | · 상권 특징<br>· 건물 이용, 이동 경로<br>· 엘리베이터, 화장실, 건물시설<br>· 주차: 위치, 시간, 주차비(회원, 강사) | 내부 안내문 |
| 시설관리 | · 청소: 데일리, 대청소<br>· 용품, 비품: 종류, 위치, 사용법, 구매처<br>· 기구관리<br>· 냉난방 시설 점검 시기<br>· 렌탈시설, CCTV<br>· 시설 별 AS 방법 및 연락처 | 사용설명서<br>계약서 |
| 사고, 재난 | · 회원, 강사 센터 내 사고 대처 방법<br>· 재난시 대처 방법<br>  (화재, 파손, 수해, 누수 등)<br>· 각종 보험 필수 | 보험가입증명서 |
| 마케팅<br>홍보 | · 온, 오프라인<br>· 홍보, 커뮤니케이션 채널<br>· 각 채널 특징 및 관리 방법<br>· 마케팅, 홍보비용 책정 및 집행 | 통신판매사업자 |
| 기타 | · 직무, 사업 관련 교육<br>· 국가 지원 사업, 보상 등<br>· 센터 비전, 가치, 인재상 | 사업자등록증<br>영업신고증 |

<피트니스 필라테스 대표적인 운영 체계2>

각 항목의 주요점을 짚어보겠다. 현재 센터를 운영하는 사업자면 기존의 방식을 점검 및 일목요연하게 정리하며 비전을 세우는 계기가 될 것이다. 예비 창업자는 운영할 가상의 센터를 구상하며 사업 계획을 명확히 할 수 있다. 관리자, 강사·트레이너 직원은 업무에서 집중해야 하는 것과 비중이 낮은 항목을 우선순위로 나열해서 효율적으로 일할 수 있다.

**직원의 입장에서 운영 체계를 전반적으로 이해하고 있으면 3가지 이점이 있다.**

- 업무 메타 인지 – 자신이 하고 있는 일과 과정을 인식하여 올바른 전략을 세우고 목적을 달성하는 데 유리하다.

- 대표자, 구성원과 소통 원활 – 각자 업무 분장이 명확하면 서로가 어떤 일을 하는지 인지하고 있기 때문에 이해와 소통이 원활하다. 기본적으로 대표자가 직원들의 역할을 구분하고 공유하는 환경을 조성해야 한다.

- 주도적인 업무 수행 능력 – 상급자가 특별한 지시를 하지 않아도 매뉴얼에 따라 조리 있게 일을 할 수 있다. 경력이 쌓이면 적기에 적합한 임무를 다하면서 고객 이벤트, 재등록 회원 관리, 세일즈 트랜드 분석 등 창의적인 과제도 스스로 만들 수 있다.

이처럼 **기본기가 충실하면 대표자, 관리자 모두 규칙적인 업무에서 비롯한 스트레스에서 벗어나 더 생산적이고 발전적인 아이디어를 낼 수 있고 결국 센터와 개인의 레벨업(level up)이 가능하다.**

그럼 운영 체계 표의 항목별로 내용을 살펴보겠다.

### - 인력(노무)

큰 틀에서 인력 운영 계획을 말한다. 관리자, 강사·트레이너 직무 체계를 정하고 관련한 직책, 수업료, 급여, 복지 등 설정한다. 채용공고를 낼 때 활용할 수 있어서 미리 준비하면 인력이 급하게 필요할 때 고민을 줄여준다.

인력 관리의 첫 단추인 채용과 관련한 이력서 검토, 면접 프로세스도 인재상에 맞게 설정하고, 각 직무의 업무룰도 규정해야 한다.

직원들과 커뮤니케이션 방법-대면, 협업툴, 메신저는 상황과 용도별로 채널을 정하고 공과 사를 지키며 소통한다.

### - 회계(세무)

사업에서 가장 중요한 요소라고 해도 과언이 아닌 회계업무, 부서가 따로 있거나 대표자가 회계를 전공, 심화 공부를 한 경우가 아니면 대부분 난감한 항목이다.

매출, 지출, 인건비 정도는 대표자가 파악할 수 있지만 절세, 지출 수단 구분, 세금 납부 관련한 업무는 한계가 있다. **그래서 '세무대리인' 제도를 활용하길 적극 권장한다.**

### 세무대리인 선택하는 방법

간이과세자에서 일반과세자, 일반 사업자에서 법인 사업자로 전환하면 질문거리도 늘어난다. 검색하면 광고와 카더라 정보에 판단이 더 흐려질 수 있으니, 업계 이해도가 높고 사업자의 입장에서 세무 업무를 보는 '절세 동반자'를 찾아야 한다.

필자는 센터 인수 당시, 지인을 통해 소개받은 세무사에게 업무를 맡겼다. 아는 사람이고 월 기장료가 다소 저렴해서 특별히 비교 없이 선택했다. 사업 2년 차에 부가가치세, 종합소득세를 납부하면서 열심히 번 돈을 그대로 세금으로 갖다 바치는 경험을 했다. 물론 정당한 납세지만, 세금에 대한 근거와 계산, 절세 방법 등 전혀 인지하지 못한 채 수백만원을 지출하니 실로 맥이 빠졌다.

그 때 깨달은 것은, 세무 회계에 대한 이해, 절세 요령이 사업의 지속성을 결정하는 중요한 요소라고 판단, 전문가의 도움을 선택했다. 기존 세무대리인을 해임하고 함께할 세무사를 직접 찾아 나섰다. 유능한 세무사가 밀집한 지역을 찾아 사무실마다 예약을 하고 하루에 세 네 팀과 미팅을 했다. 모두 해당 분야에서 출중하기 때문에 실력은 검증됐을 터, 딱 4가지만 보았다. '피트니스 업계 이해도', '의뢰자 배려', '절세 우선',

'꼼꼼하고 쉬운 설명' 당연한 자질 같지만 본인에게 맞는 세무사를 찾는 건 생각만큼 쉽지 않다.

이렇게 발품을 판 덕분에 모든 희망 조건을 충족하는 세무 대리인을 찾아 약 6년째 함께 하고 있다. 물론 기장료가 이전보다 소폭 상승했지만 개의치 않는다. 약간의 월 비용으로 더 큰 절약을 할 수 있기 때문에 사업에서 감수해야 할 투자라고 본다.

이 맥락은 어떠한 위기, 비교, 결정에서도 적용하면 유용한 사례다.

세무 대리인을 선임하면 끝이 아니다. 대표자가 직접 해야 하는 회계 업무가 있다. 대표적으로 데일리 매출, 지출, 인건비 체크와 결제 수단별 매출 집계, 사업용 계좌와 카드 관리는 주기적으로 기록한다.

**수익구조를 분석하면서 회원 관리도 동반해야 한다. 유효, 신규, 재등록 회원 현황에 따라 매출 및 통계 분석을 해야 앞으로 회원 유치 방향에 대해 계획할 수 있다. 자연스럽게 마케팅 홍보와 연관성이 생긴다.**

모든 항목을 파악하고 정리하는 건 고도의 업무 능력이 필요한 건 맞다. 현장에서 수업만 하며 실무 경험이 부족한 대표자들에겐 더더욱 막연할지도 모른다. 그렇다면 장비를 사용하면 된다.

바로 시스템이다. 필자는 '핏투데이' 프로그램을 사용하면서 회원관리와 매출장부를 동시에 분석한다. 회원권과 정보를 입력하면 매출 관리에 기록되고 그 정보에 따라 자동으로 통계 자료가 나온다. 자동화 시스템을 통해서 대표자, 관리자의 취약점을 보완하고 스마트하게 세무 회계업무까지 도움을 받을 수 있다.

## - 회원 관리

운동시설업으로 등록하지만 실제 서비스업을 행하는 피트니스업, 모두가 공감할 것이다. 운영을 모든 것이라고 할 만큼 회원 관리는 금 덩어리를 다루듯이 지속적으로 중요하게 여겨야 한다.

상대적으로 변수가 적은–신규, 기존 회원 응대 방법, 재등록 규정, 회원 유형 파악부터 상황에 따라 변수가 큰–컴플레인 응대, 세일즈 방법 등 센터에서 제공하는 운동 서비스 유형과 문화에 맞게 정립해야 한다. 여기서 가장 심층적으로 준비해야 할 요소가 있다. '세일즈 전략 및 상담 스크립트' 즉 '세일즈 매뉴얼'이다. 3장 세일즈 매뉴얼의 중요성에서 자세하게 다루겠다.

## - 회원권

센터에서 판매하는 상품을 표기하는 회원권, 대형 피트니스, PT스튜디오, 필라테스 요가 센터 등 제공하는 운동 서비스 형태에 따라 가지각색이다. 시설 이용권, 개인레슨, 그룹레슨 병행하는 곳은 회원권 종류도 많아서 회원권 설정과 운영 방침을 더 명확히 해야 한다.

유형 상품은 제품 별 시장 금액이 형성되어 있고, 재고가 한정돼서 상대적으로 금액 책정이 간단하다. 반면에 **서비스 상품은 제공하는 행**

위에 따라 금액이 상이하며 인건비 유무에 영향을 받기 때문에 해당하는 항목을 금액으로 환산해 회원권을 설정해야 한다.

최근에는 업계 경쟁 심화로 흔히 '가격 후려치기' 행태가 빈번하다. 업계 상생과 서비스의 질적 향상을 무시하는 일부 업체들과 차별화는 필수다. 그 일환으로 레슨의 격을 높이며 기준과 근거를 잡고 수익을 해치지 않는 범위의 회원권을 설정하는 게 관건이다.

각 레슨 별 평균, 마지노선 단가를 기준으로 잡고 대표자와 관리자, 직원 모두 숙지해서 기준 이하로 떨어지지 않도록 협의와 전략을 상시 마련해야 한다. 주간 업무 회의 안건으로 권장한다.

## - 이벤트 마케팅

회원권에는 이벤트가 동시에 따라온다. 요즘은 1년 365일 균일가로 운영하는 곳은 거의 없다. 다양한 이벤트가 즉 센터의 경쟁력이 될 만큼 필수이자 매력도가 높아야 한다. 이제 헬스 PT, 필라테스 안 해 본 사람을 찾아보기 힘든 만큼 고객 경험도와 눈높이가 높아졌다. 마냥 저렴한 금액 때문에 센터를 찾는 경향이 줄어들고 있다. 회원이 레슨을 직접 받아보기 전에는 홍보물, 평판, 후기 등을 비교하며 후보지를 정한다. 이 때 눈길을 가장 먼저 끄는 것은 '이벤트' 타이틀이다. '최저가 이벤트', '무료 체험'과 같은 극단적인 수식어는 오히려 반감을 살 수 있다. 막상 방문하면 여러 조건이 붙어 예상한 혜택을 보기 힘든 고객 경험 때문이다. 고객 입장에서 아이디어를 발휘해보자. '지인 추천

1+1이벤트' '새해 목표 달성 프로젝트'와 같이 호기심을 유발하는 타이틀로 홍보 상세페이지에 한번 더 관심을 가지게 기획해야 한다.

이벤트 발상은 갑자기 떠오르지 않는다. 필자는 소셜커머스, 온라인 쇼핑몰 MD로 마케팅을 할 때 상세페이지 구성을 하며 상품의 매력을 극대화하는 상징어, 수식어, 문장법을 수시로 고안해야 했다. 이 때 마케팅 서적, 잡지, 유명 강연을 접하면서 아이디어를 키웠다. 덕분에 차별화된 상품 기획력으로 최고 실적도 유지했다.

이 경험을 그대로 회원권 마케팅에 적용하니 예상대로 비슷한 회원권도 기획하는 대로 특성이 생겨 이전 등록자의 불만 없이 신규 회원 유치가 수월하다. 무엇보다 우리 센터만의 정체성이 생겨 브랜딩에도 도움이 됐다.

필자의 사례를 참고해 '이벤트 마케팅' 차별화에 도움이 되길 바란다.

## – 수업 정책

회원과 강사·트레이너에게 모두 적용되는 수업 규정이다. 정책을 준수해야 하는 목적은 세가지다

- **v 원활한 세션 소진**
- **v 평등한 회원 관리**
- **v 센터 운영 리스크 최소화**

**대표적인 규정은 양도, 휴회, 환불, 추가비용 그리고 회원권 이용 규칙이다.** 모두 회원가입서에 포함되는 내용으로서 센터와 회원의 계약 조건이 된다. 이는 회원 뿐만 아니라 센터 관계자도 일관성 있게 지켜야 한다. 예를 들어 개인레슨 당일 취소는 차감하는 조건이 있음에도 강사 재량으로 취소만 해주는 등 불필요한 유동성을 발휘하면 회원에게 호의가 권리로 변질되는 부작용이 발생한다. **프리랜서 강사라도 회원 가입 계약서의 규정을 준수할 의무가 있으니 대표자는 직원들에게 같은 선상에서 규칙을 함께 지킬 것을 강조해야 한다.**

– 센터 이용

센터의 물리적 위치에 따른 이용 방법을 정리해 둘 필요가 있다. 의외로 건물 시설 이용에 관련해 잘 모르는 대표자들도 많다. 예를 들어 주차 이용, 전기료 책정 방법, 설비 시설 등, 숙지해야 회원 응대 매뉴얼에 포함하고 하자 보수에 즉각 대응할 수 있다.

먼저 **상권 특징을 분석해서 회원의 생활, 소비 패턴, 가치관까지 파악한다.** 신규 직원 교육에도 유용한 정보다. 센터가 위치한 건물의 편의시설, 동선, 엘리베이터 이용, 화장실까지 최대한 편리하게 이용할 수 있는 안내문을 만들자.

주차가 중요한 지역의 경우, 회원과 강사의 주차비 지원 기준으로 미리 세워서 센터의 비용을 최소로 하며 조율하는 방법도 마련해야 한다.

여성 고객을 중심으로 하는 센터는 여성의 심리와 행동 패턴을 고려하여, '찾아오는 길, 약도, 주차 방법, 소지품 보관 장소, 편의 시설 안내' 등을 명확하고 눈에 잘 띄게 안내하는 것이 중요하다. 고객 성향 분석은 회원에 대한 배려와 응대에 큰 도움이 된다.

## - 시설 관리

한마디로 센터 내부 청소와 기구, 가전 시설에 대한 관리 매뉴얼이다. 흔히 센터 청소는 대표자, 직원 모두 부수적인 '일거리', 해도해도 부족한 '골칫거리' 업무 중 하나다. 해결하는 방법은 딱 2가지가 있다.

**첫 번째, 청소·관리 매뉴얼을 촘촘하게 해서 데일리, 주기적으로 실천하기**
**두 번째, 전문 청소 업체 대행을 맡기기**

인건비가 치솟는 요즘, 일부 대형 센터를 제외하고 대행 업체 섭외는 비현실적이다. 그래서 청소 관리 방법을 간소화, 효율화 해서 업무의 하나로 여기며 실천해야 한다.

신규 오픈하는 센터들에 대적할 요소는 리모델링보다 매일 관리해서 청결을 유지하는 편이 훨씬 합리적이다.

효율적으로 관리하기 위해서 청소 체크리스트를 만들어서 비치하는 것도 방법이다. 관리자의 업무 평가에 사용할 수도 있다.

## 센터 자율 청소 체크리스트

| 구역 | 업무 | 월 | 화 | 수 | 목 | 금 | 토 |
|---|---|---|---|---|---|---|---|
| 레슨룸 | PT존 청소기 | | | | | | |
| | 그룹레슨 룸 청소기 | | | | | | |
| | 전체 거울 닦기 | | | | | | |
| 레슨룸 | 소도구 정리, 먼지 제거 | | | | | | |
| | 런닝머신, 사이클 | | | | | | |
| | 머신, 기구 닦기 | | | | | | |
| 탈의실 | 탈의실 바닥 청소기 | | | | | | |
| | 탈의실 거울, 물걸레 | | | | | | |
| | 샤워실 배수구, 거울, 수전 | | | | | | |
| | 샤워실 바닥 | | | | | | |
| | 일일 락커 점검 | | | | | | |
| 로비 | 입구 신발장 먼지 제거 | | | | | | |
| | 입구 현관 얼룩 제거 | | | | | | |
| | 상담 테이블 정돈 | | | | | | |
| | 창틀 먼지 제거 | | | | | | |
| 기타 | 정수기 및 주변 관리 | | | | | | |
| | 종이컵, 물티슈, 비품 체크 | | | | | | |
| | 쓰레기통, 분리수거, 주변 정리 | | | | | | |
| 마무리 | 청소기 먼지통 비우기 | | | | | | |
| | 화장실 청소 | | | | | | |
| | 쓰레기봉투, 분리수거 | | | | | | |

<데일리 청소 체크리스트 예시>

청소에 이어 머신, 필라테스 기구, 소도구 등 제 기능을 다할 수 있도록 점검 시기를 정하고, 수도 시설, 가전-냉 난방기, 공기 청정기, 렌탈류 등 직통 AS담당자 연락처를 직원 누구나 잘 볼 수 있는 곳에 비치해야 한다. 그래야 대표자가 없을 때 작동이 안되거나 돌발 상황이 생겼을 때 신속하게 대처할 수 있다.

비품, 용품, 소도구 등의 재고 현황을 주로 사용하는 것들로 관리하는 것이 필수다. 재고가 지나치게 늘어나거나 부족하지 않도록 적절한 수량을 관리자가 체크하고, 필요 시 대표자에게 부족한 항목과 그 이유를 보고해야 한다.

## - 사고 재난 대응

최근에 중요성이 커지고 있지만, 여전히 경각심이 미흡한 실정이다. 시설업에 속하기도 하는 우리 업종은 그만큼 사고와 위험에 노출될 확률이 높다. 예를 들어, PT를 하던 중 회원이 기구에 부딪히거나 자세 불안정으로 부상을 입었을 때, 회원의 부주의가 있어도 결국 센터에서 발생한 사고라 보상이 불가피하다.

필라테스 센터에서도 리포머 낙상, 보수 유산소 운동에서 십자인대 파열 등 불시에 치명적인 사고가 일어난다. 이 때 초기 대응이 상당히 중요하다. 센터의 억울함을 호소하며 회원에게 책임을 전가하면 고객은 피해 이상의 보상을 원하고 자칫 왜곡된 소문을 퍼뜨릴 수 있다.

운영에서 절대 있어서 안되는 사고지만 발생하면 신속하고 정확하게 처리하는 걸 우선순위로 두어야 한다. 오직 해결할 수 있는 1가지 방법이 바로 '센터 화재, 상해 보험 가입'이다. 센터 내부에서 발생하는 물리적, 인적 사고에 대해 보상해 주는 보험이다. 보장 범위와 내역, 금액은 천차만별이라 주요 보험사에 직접 문의해서 비교를 하는 방법을 권장한다.

필자는 운영 2년 차에 그룹레슨 중 리포머에서 회원이 낙상하는 사고가 있었다. 리포머 캐리지 위에서 무릎 꿇은 자세로 손은 스트랩에 걸고 팔을 앞으로 당기는 '허그 동작'을 수행하고 있었다. 운동 중 무게중심이 갑자기 앞으로 쏠려 프레임 사이로 얼굴부터 직 하강했다. 손은 스트랩에 걸려있어 오로지 얼굴과 머리로 떨어진 것이다.

회원의 입술과 잇몸이 찢어져 피가 흥건하고 정신을 놓기 일보 직전이었다. 119를 부르년 더 시간이 걸릴 거 같아 함께 택시를 타고 근처 응급실로 가서 머리부터 발끝까지 정밀 검사를 받았다. 검사 내내 그리고 통원치료 과정에서 대표자인 필자가 직접 관여하고 동행했다. 이렇게 **오로지 회원의 안위에만 신경 쓸 수 있었던 이유는 '보험 가입' 덕분이었다.** 그룹레슨 특성 상 개개인에 맞게 기구를 세팅하기 어렵고 한 명 한 명 동작을 체크하기 어려운 상황이므로 센터의 귀책으로서 사건을 접수했다. 치료 비용은 보험사에서 조율하기 때문에 금전적인 불안감을 없었다. 나중에 알아보니 보험사와 회원의 합의금이 1200만원이 나왔다. 만약 보험 없이 우리 센터에서 이런 일이 발생했다면? 상상만

해도 끔찍하다. 금액 자체도 부담이지만, 오로지 혼자 감당해야 하는 사건에 멘탈이 흔들리고 운영에도 차질이 있었을 것 같다.

극단적인 사례 같지만 컨설팅을 하면서 종종 접하는 사고들이다. 아직 '센터 보험'이 없는 사업장은 즉시 가입을 하길 바란다.

### - 마케팅 홍보

강의, 컨설팅을 하며 사전에 설문조사를 받으며 가장 어려운 운영 항목으로 마케팅 홍보가 꼽혔다. 그만큼 중요하기 때문에 관심도가 어려움으로 표출되는 것 같다.

이제는 필수로 자리잡은 **'네이버 마케팅'**, **이 안에서도 네이버 플레이스, 영수증 리뷰 관리, 네이버 블로그, 예약 및 페이, 광고시스템 등 관리해야 할 요소가 상당하다**. 얼마 전만 해도 대행사에 맡겨서 '지역 상위 노출'을 꾀했는데, 네이버 로직의 고도화로 대행사도 그 경지를 따라잡지 못해 기능을 잃었다. 지금 네이버 광고 대행사는 서비스 세팅과 관리 정도만 가능하며 그 이상 상위 노출을 보장하는 곳은 비현실적인 제안에 가까우니 신중히 알아봐야 한다.

==결국 마케팅과 홍보는 대표자와 관리자가 직접 하는 것이 가장 안전하고 효율적이다. 궁극적으로 사업적인 면에서 비용 절감이 크다.==

대행사에 맡기면 한 달에 적게는 50만원에서 100만원까지 고정비가 드는데, 직접 하면 거의 제로에 가깝다. 업장 규모와 지역에 따라 상이

하지만 소상공인 광고비용 월 5만원 이내, 오프라인 배너 비용 정도 추가하면 된다.

마케팅 교육 비용 또한 저렴하다. 가장 강력하게 추천하는 교육은 네이버 자체에서 운영하는 '비즈니스 스쿨'이다. 네이버 서비스를 이용하는 사업자 및 사용자들을 위해 스마트플레이스, 블로그, 비즈니스 활용 등에 대한 온·오프 강의를 무료로 제공한다.

<2024년 기준, 네이버 비즈니스 스쿨 교육>

그뿐만 아니라, 현재는 유튜브, 강의, 서적, 컨설팅 등을 통해 쉽게 마케팅을 배울 수 있는 환경이다. 대표자가 먼저 연구하여 전문가가 되고, 이후 관리자와 강사·트레이너에게 지식을 전수하는 방향을 계획하는 것이 바람직하다.

- 행정 서류 구비

우리는 인력 기반에 무형의 서비스를 제공하기 때문에 서로의 권리와 의무, 책임을 보장하는 법적 장치인 각종 계약서도 철저하게 구비해야 한다. 같은 업종에서도 센터별로 내용이 다르며 주기적으로 업데이트된다. 대표자의 가치관과 운영 체계를 계약서와 문서에 민법으로 담고, 법 규정과 고객 트렌드에 맞게 적절하게 변형해야 한다. 그렇지 않으면 회원, 직원과의 의견 갈등이나 컴플레인이 발생했을 때 관리자가 처리하지 못하고 대표자가 모두 감당해야 하는 사태가 벌어진다.

행정 서류 관련해서는 '관리자 채용 전 준비 사항-6번'에서 언급했으니 참고하기 바란다.

"인력을 한 명 더 뽑는 것뿐인데 생각보다 많은 노고가 필요하지 않은가?"

"이렇게까지 하지 않아도 채용하고 나서 관리자와 같이 체계를 만들면 안 되는지?"

이렇게 의문을 제기하는 사람들도 있다. 채용 후에 관리자와 함께 체계를 만들 수도 있지만, 동시에 업무 체계를 정해가면 대표자는 다른 일을 할 수 없게 되며, 기약 없이 인수인계에만 몰두해야 한다. 더욱이 새로 뽑은 직원에게 불안감과 의무감이 더해져 서로가 실질적인 업무에 집중하기 어려워진다.

준비 없이 쉽게 뽑은 사람은 업무에 대한 경각심이 떨어지고 일을 적극적으로 하지 않는 경향이 있다. 어떤 대표자도 나태한 직원을 원하지 않는다. 따라서 좋은 인재를 뽑아 역량을 100% 이상 발휘하게 하려면 대표자는 그 이상의 노력을 기울여야 한다. 채용은 준비된 자만이 살아남는 법이다.

# 2장

## 채용 방법

| 채용 조건 설정 | 65 |
| --- | --- |
| 관리자 고용 형태 | 68 |
| 근로기준법 준수 | 71 |
| 채용 공고 | 75 |
| 면접 기본 질문지 준비 | 87 |
| 면접 방법 | 88 |

FITNESS OFFICE 피트니스 필라테스 실무 관리 매뉴얼

우리 업계는 일반적으로 '강사·트레이너 구인'에 익숙하다. 관리자는 강사·트레이너와 직무와 자질이 상당 부분 다르기 때문에 채용 방법도 업무 분야에 맞게 접근해야 한다. 그 차이점과 관리자 채용을 효과적으로 수행하는 방법을 소개하겠다.

채용 시점은 대표자가 희망하는 직원의 업무 시작일로부터 약 한두 달 전에 공고를 게시한다. **최초 채용일 경우, 두 달 정도 여유를 두며 구인과 면접 경험을 해보는 것을 권장한다.** 현재 관리자가 해고나 퇴사를 앞두고 있다면 대략 한 달 전 공고를 올린다. 전임자의 퇴사 일주일 전에 후임자가 입사하여 겹치는 기간 동안 인수인계를 진행할 수도 있다.

필자의 경우, 기존 직원의 퇴사 7~10일 전에 새 관리자 출근일을 맞춰 그 기간에 선임자에게 이론적인 업무 체계를 인수인계하고 있다. 이후에는 직접 대표자의 가치관과 기준이 반영된 업무 및 특별히 중요한 사항을 교육한다.

해당 기간에는 인건비가 추가되지만, 효율적인 인수인계, 선임자의 책임 수행, 후임자의 적응, 새 직원 모니터링 등 장기적으로 이점이 더 많기 때문에 인력에 대한 투자로 본다.

위 방법의 장점은 선임자에게 실무를 먼저 배우고 대표자가 한 번 더 상기시켜 주기 때문에 업무 습득이 빠르다는 점이다. 물론 이전 직원이 퇴사하기 전에 새 관리자가 오는 타이밍이 맞아야 하는데, 앞으로 소개할 전략을 참고하면 그리 어려운 일은 아니다.

# 채용 조건 설정

대표자가 희망하는 인력의 자격이나 조건을 말한다. 동시에 구직자가 지원을 결정하는 요건이기에 설정할 때 상대의 입장에서 고려할 필요가 있다.

공고에 들어갈 대표적인 조건 항목이다.

| 1. 직무 | 2. 업무 | 3. 직책 | 4. 핵심역량 |
|---|---|---|---|
| 5. 지원 자격 | 6. 경력유무 | 7. 우대 사항 ||
| 8. 근무 조건 | 9. 급여 | 10. 근무요일 / 시간 | 11. 휴게 / 휴무 |
| 12. 수습 기간 | 13. 복지 | 14. 고용 형태 ||

설정한 조건은 곧 채용 공고 내용이기 때문에 구체적으로 고려해 두면 공고를 수월하게 올릴 수 있다. 또한 한 번 정립해 놓으면 추후 채용에도 활용할 수 있어서 효율적이다.

여기에서 가장 궁금한 부분이 관리자의 '급여'일 것이다. 대표자의 인건비 상황과 함께 업계의 통상적인 현황을 참고해야 구직자들의 지원 기준에 부합하기 때문에 상황을 반영할 필요가 있다.

앞서 언급한 대로, 이 기준은 쉽게 구인 구직이 가장 많이 게시되는 온라인 플랫폼을 참고하면 된다. 스포드림 (PT·휘트니스), 호호요가 (필라테스·요가)가 대표적이다.

두 사이트의 관리자 구직 게시판을 보면 통상적인 근무 시간, 조건, 급여가 파악될 것이다. 지역, 규모, 근무 시간과 요일, 업무 범위, 경력 유무 등에 따라 차이가 있으니, 본인의 센터와 비슷한 조건을 찾아서 참고해야 한다.

### 운동 업계 관리자 평균 급여

**하루 8시간, 주 5일 근무, 비 경력자 기준 210만 원~220만 원**
**2024년 기준, 근로기준법-최저시급을 준수하는 범위**
고용노동부 고시, 2024년 기준 최저임금 시간당 9,860원
(위반 시, 벌금 최대 2천만 원 또는 3년 이하 징역)
하루 8시간, 주 5일의 월 40시간을 근무할 경우,
월 환산209 시간 = 최저 월급 2,060,740원

## 2024년 적용 최저임금 고시

「최저임금법」 제10조제1항에 따라 2024년 1월 1일부터 2024년 12월 31일까지 적용되는 최저임금액을 다음과 같이 고시합니다.

2023. 8. 4.

고 용 노 동 부 장 관

**1. 최저임금액**

| 결정단위<br>업종 | 시 간 급 |
|---|---|
| 모 든 산 업 | 9,860원 |

◆ 월 환산액 2,060,740원: 주 소정근로 40시간을 근무할 경우, 월 환산 기준시간 수 209시간(주당 유급주휴 8시간 포함) 기준

<2024년 기준, 최저임금 고시>

복리후생비(식대, 교통비 등) 및 시간 외 근로 수당, 주말 근무, 연차 수당, 성과급 등은 반영되지 않은 금액이며 회사 규정에 따라 추가로 설정이 가능하다.

필자는, 하루 8시간, 주 5일 근무, 비 경력자 기준은 동일하며 기본급 210만 원에 식대 10만 원을 별도로 지급한다. 더불어 매출에 따른 인센티브를 구간에 따라 별도로 책정한다.

# 관리자 고용 형태

관리자는 대표자의 업무 지시와 평가를 받으며 임금을 받는 '근로자'다. 당연한 정의이지만, 강조하는 이유는 우리 업계가 프리랜서 계약이 일반적이기 때문이다.

수업만 하는 강사·트레이너는 프리랜서로 위탁 용역 계약을 맺는다. 그들은 대표자의 지시가 아닌 자율적으로 수업 내용을 정하고 고객의 상황과 니즈에 맞게 전문성을 발휘한다. 이는 고객 만족과 사업장의 매출 및 발전을 목표로 하는 일이다. 또한 사업자 간 계약을 체결하는 것으로 4대 보험 가입 의무도 없다.

한편, 관리자는 주로 대표자가 설정하고 지시하는 일을 하며 평가받는 직원이다. 센터의 발전을 위해 채용되었지만, 실질적으로 대표자를 위한 인력으로 근로자로 간주하여 근로기준법의 적용을 받는다. 따라서 4대 보험 가입 의무가 발생한다.

간혹 매니저를 채용하고 위탁 용역 계약을 체결해서 사업소득세(3.3%)를 적용하는데, 퇴직금을 지급하고 서로가 합의했더라도 근로기준법 위반이다. 노사 갈등이 발생하면 사업자가 불리한 상황이므로 처음부터 '근로계약'을 맺고 4대 보험에 가입하는 것을 권장한다.

사업을 진행하면서 가장 큰 실수 중 동일한 사례가 종종 있어 한번 더 강조한다.

첫 센터를 인수하고 기존의 관리자 매니저도 그대로 인계받았는데, 이전 사업자와 '프리랜서 계약'을 맺어 그 계약 조건도 유지했다. 당시엔 무지한 초보 사업자였기 때문에 중요성을 모르고 근로자로 일하는 관리자와 용역 계약을 체결, 사업소득세(3.3%) 공제를 했다.

더해서 해당 직원도 관리 업무를 하면서도 겸업, 시간 활용 자유 등 프리랜서 같은 자율성을 추구하고, 거의 모든 업무를 본인 판단과 결정하에 진행하며 4대 보험도 거부했기 때문에 자연스럽게 프리랜서라고 착각했다.

결국 퇴사 시에는 100% 근로자로서의 근로를 강조하여 퇴직금을 요구하였고, 필자 역시 납득하지 않아 요청을 거부하였다. 이에 따라 노동청에서 노사 갈등으로 번졌다.

근무 기간에는 프리랜서 계약을 명분으로 업무, 시간의 자율성을 추구하다가 고액의 퇴직금이 걸린 상황에서는 근로자로 주장을 하는 태세가 위선적이고 인정을 할 수가 없었다. 하지만 근로 감독관이 판단하는 근로자 성향에 일부 부합하여 합의로 퇴직금을 지급했다.

이 사건을 계기로 노무 체계와 프리랜서 지표에 대한 이해를 높이기 위해 노무사, 변호사 등 법률 전문가의 자문을 받으며 현실을 자각하게 되었다. 더 놀라운 것은 이 같은 갈등이 흔한 상황이라는 점에 대해 공감과 안타까움이 공존했다.

비록 필자는 가시밭길을 걷고 피를 흘리며 깨달음을 얻었지만, 다른 대표자와 직원들은 평탄한 길을 걷길 바라는 마음에서 근로기준법 준수에 대해 더욱 심도 있게 다루기로 했다.

# 근로기준법 준수

관리자와 근로 계약을 맺을 때 유의 사항이 있다. 사업자들이 주로 간과하거나 관습으로 행하는 오류도 상당하다. 사업자가 먼저 필수 근로법을 숙지해서 실천해야 한다.

관리자로 채용된 후에 가장 선행해야 할 일은 '근로계약서' 작성이다. 근무 조건을 명확히 정하고 문서로 기록하는 과정이므로, 일을 시작하기 전에 이미 작성을 완료해야 한다. 수습 기간 중이더라도 수습 계약서를 작성하는 것이 필요하다. 근로계약서를 작성하지 않으면 500만 원 이하의 벌금이 부과될 수 있다. 뿐만 아니라 근로계약서를 작성했음에도 불구하고 교부하지 않는 경우에도 벌금이 부과된다. 더불어 계약서는 근로자가 퇴직한 날로부터 3년 동안 보존해야 한다. 이를 어길 경우 500만 원 이하의 과태료가 부과된다.

근로기준법 [시행 2021. 11. 19.] [법률 제18176호, 2021. 5. 18., 일부개정]

## 반드시 지켜야 할 대표적인 근로기준법

근로자 계약

4대 보험 가입

업무 시작 전 계약서 작성

최저 시급 준수

휴게 시간 준수

매달 급여 명세서 발급

퇴직금 대상

포괄임금제-주휴수당 포함

해고 예고제 대상

### 근로계약서 필수 기재 사항 (위반 시 벌금 최대 500만 원)

근무 장소 및 업무 내용

임금 구성 항목(급여, 상여금, 수당 등)

임금 계산 방법, 지급 방법

소정근로시간

휴일, 연차유급휴가

업무의 시작과 종료 시간, 휴게시간


*기간제 및 단시간 근로자의 경우

근로일별 근로 시간 기재

## 근로계약서 작성 · 교부 의무

업무 첫날, 업무 시작 전 계약서 작성 필수
동일한 내용과 각자 서명이 있는 계약서를 근로자에게 교부
(위반 시, 벌금 최대 500만 원)

## 근로관계 종료

정당한 해고, 동의·요청 사직 시 근로자의 '서면 사직서' 필수

## 잘못된 관습

- 근로자가 4대 보험을 거부할 경우, 가입하지 않아도 된다?

4대 보험은 사업주의 의무이며, 근로자의 희망과 관계없이 취득 신고는 필수다. 하지만 대부분 운동업계에서는 '사전 합의'로 4대 보험 가입을 무시하고 3.3%의 사업소득을 공제하기도 한다. 그러나 추후 근로자의 성격 문제로 인한 임금체불(퇴직금, 연차수당 등)이나 실업급여 청구 등의 문제가 발생할 경우, 이에 대한 모든 책임은 사업주에게 있다.

- 서로 동의하는 합의서를 쓰면 퇴직금 중간 정산을 해도 된다?

월급에 퇴직금을 포함해서 지급해도 된다?
퇴직금은 일주일에 15시간 이상, 1년 이상 근무한 근로자에게 해당한다.

말 그대로 퇴직 후 보상의 성격을 가지는 임금으로 '계속근로기간' 동안에 대한 보상으로 지급되는 것이다. 그래서 중간 정산 자체가 퇴직금이라고 간주되지 않고, 서로 동의했다 해도 근로기준법상 효력이 없다.

- 기본급은 사대보험에 가입하고 인센티브는 사업소득(3.3%)으로 신고해도 된다?

우선 근로자에게 사업소득(3.3%)을 공제하는 것은 위반이다. 더해서 근로자의 모든 소득에 대해서 4대 보험을 신고하는 것이 원칙이다. 2가지 근로기준법에 따르면 한 명의 근로자가 2가지 형태의 조세 납부 의무를 지는 것은 논리에 맞지 않는다.

- 퇴직금은 기본급만 적용하고 인센티브는 별개라 적용하지 않는다?

위에서 언급했듯이 근로자의 모든 소득에 대해 4대 보험을 신고하고, 퇴직금도 모든 소득을 기준으로 적용한다. 그래서 기본급 이외에 지급한 인센티브, 성과급 등 모두 포함해서 퇴직금을 정산해야 한다.

# 채용 공고

'노는 물이 다르다.' 주로 활동하는 장소나 영역이 서로 같지 않다는 뜻이다. 관리자와 강사·트레이너는 노는 물이 다르다. 그래서 채용 자체도 다르게 접근해야 한다. 그 방식은 구인 공고부터 시작한다. 공고를 올리는 웹사이트부터 알아보자.

## 1. 채용 사이트

v **사람인** www.saramin.co.kr
v **잡코리아** www.jobkorea.co.kr

강사·트레이너와 달리 관리자는 '사람인, 잡코리아' 중심으로 채용하는 방법을 추천한다.

국내 최대 온라인 채용 광고 취업 포털 사이트 두 곳이다. 대중에게 잘 알려졌지만, 운동 업계 구인 구직에서는 다소 생소할 수 있다.

강사·트레이너는 이미 수업 역량과 자질을 갖추고 입사하기 때문에 실전에 즉시 투입될 수 있으며, 초보자가 아닌 이상 대표자가 수업 관련 교육을 하는 경우는 드물다. 또한, 프리랜서 비중이 높아 강사들은 단일 센터에 오래 근무하기보다는 시간 활용 측면에서 여러 센터에서 자유롭게 활동하는 것을 선호하는 편이다.

**반면에, 관리자는 경력 여부와 관계없이 입사하면 해당 센터에 맞춤 교육을 받으며, 대표자가 중장기적으로 업무 교육 및 수행 능력을 평가해야 한다.** 그래서 관리자가 한 번 입사하면 인수인계의 시간과 에너지 소모가 상당하며, 인력 교체를 자주 하지 않는 것이 운영에 효과적이다. 관리자는 한 곳에서 가급적 2년 이상 일하는 편이 센터 운영에 안정적이다.

관리자의 근속을 높이려면 센터 상황과 대표자의 리더십 능력이 중요한 요소이지만, 그 전에 **지원자의 직업에 대한 진정성과 의식 수준이 근속을 좌우**하는 기준이 된다.

'사람인, 잡코리아'에서 구직활동을 하는 사람들은 직업 목적성이 상대적으로 높다. 아르바이트나 프리랜서 등 단기, 일회성 일보다 장기적으로 경력과 경험을 쌓는 일을 찾는 사람이 대부분이다. 이런 맥락으로 근속과 안정성이 중요한 관리자를 뽑기 위해서 '사람인, 잡코리아' 중심으로 인재를 찾는 것이 현실적으로 적합하다.

v 알바천국 www.alba.co.kr
v 알바몬 www.albamon.com
v 스포드림 / 호호요가
　www.spodream.com / www.hohoyoga.com

'사람인, 잡코리아'와 더불어 위 사이트에도 공고를 올려보자. 여러 곳에 많이 올릴수록 지원자가 많다는 이유도 있지만, 무엇보다 사이트별 지원하는 인력을 비교하기 위한 목적이 크다. 또한 각 웹사이트에서 들어온 이력서 지원 단계에서부터 지원자를 살펴보자. 몇 번 비교하면 분명히 태도와 진정성에서 차이가 느껴질 것이다.

## 2. 공고 올리기

먼저 '사람인, 잡코리아'는 '기업회원'으로 가입해야 한다.

v 기업서비스 → 기업 회원 가입
v 기업 인증 → 채용 담당자 배정

- 기업 소개 작성

기업 소개는 지원자들이 가장 먼저 접하는 센터의 얼굴이자 특징이다. 강사 및 트레이너 채용은 일반적으로 **근무지, 수업료, 수업 시간 등**

의 조건에 중점을 두고 있지만, 관리자는 회사의 특징, 비전, 안정성, 경험을 먼저 고려하는 경향이 있다. 그 다음에 조건이 따라온다.

특히 '직업'을 찾는 사람들은 더욱 안목이 다르다. 인재에게 우리 센터를 자랑하고 어필하기 위해서는 구직자의 입장에서 **'기업 소개서'를 구체적으로 작성하는 것**이 중요하다. 센터의 로고, 사진, 연혁, 슬로건, 비전 등을 활용하여 하나의 포트폴리오로 완성하면 차별성이 돋보이게 된다. 소개서를 다른 사이트에 올릴 때도 적극적으로 활용해 보자.

– 공고 등록

스포드림이나 호호요가는 공고 가이드라인이 자유형식이지만, '사람인, 잡코리아, 알바천국, 알바몬'은 공고 형식이 정해져 있다. 항목 그대로 기재하기만 하면 된다. 이 점이 장점이자 단점이 될 수 있다. 장점은 간편하고 편리하다는 점, 수정이 용이한 점, 단점은 공고만으로 차별성을 드러내는 데 한계가 있다는 점이다.

단점을 극복하는 2가지 방법은 **'기업 소개서'**, **'채용 광고'**다.

## 채용 광고 상품의 오해와 진실

공고 작성을 완료하면 채용 광고 상품을 선택하는 페이지로 넘어간다. 마치 광고를 하지 않으면 등록이 안 될 것 같은 화면 구성이라 오해 소지도 있다. 그러나 꼭 상품을 구매하지 않아도 공고는 올릴 수 있다.

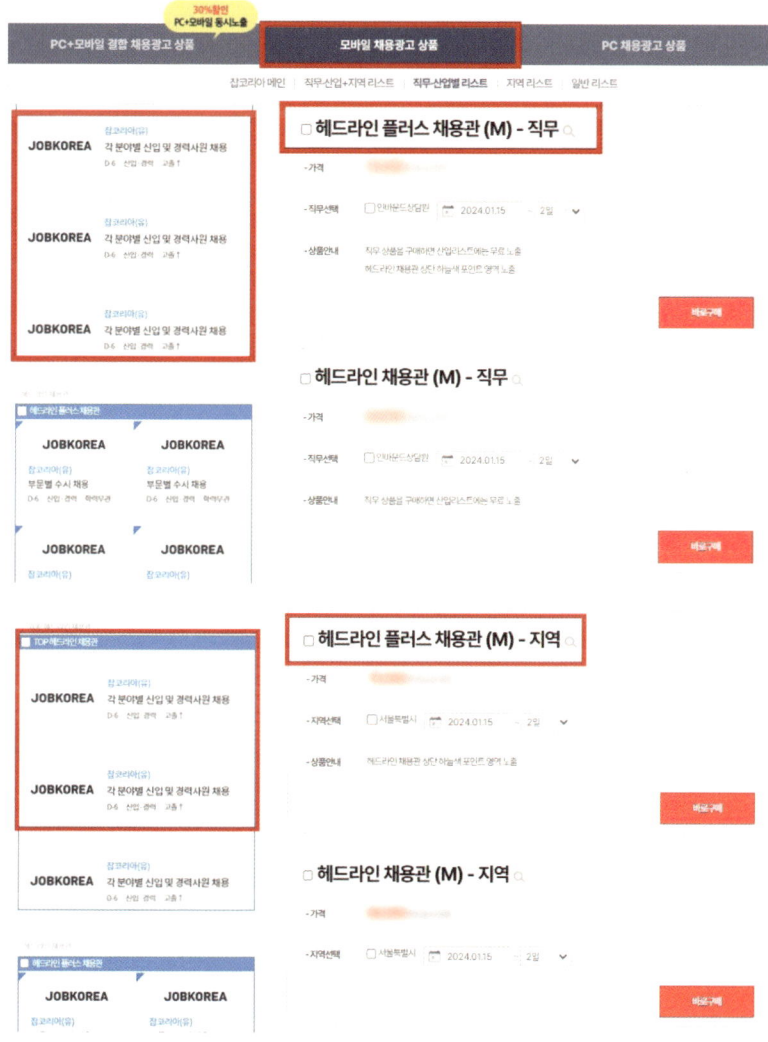

<잡코리아 채용 광고 예시 - 직무 / 지역 광고를 권장한다>

그럼, 채용 광고를 꼭 해야 할까?

2장 채용 방법

광고하면 공고 글이 '여러 곳'에 '상위노출' 되기 때문에 '노출'과 '열람률'이 높아진다. 우리가 센터 홍보를 할 때 네이버의 상위노출에 집중하는 맥락과 같다. 많이 노출될수록 많은 사람이 보고 그만큼 인재상에 적합한 사람이 지원할 가능성이 크다.

**우리 업계의 채용 광고는 직무 & 지역에 집중하는 걸 권장한다.**

필자는 근거리 우선자를 선호하기 때문에 지역 타깃 광고를 먼저 시도한다. 그리고 이력서 접수 현황에 따라 직무 광고 추가 여부를 결정한다.

회사의 규모와 관리자의 경력 유무, 업무 조건에 따라 광고비는 천차만별이다. 그래서 처음에는 최소 금액으로 주말만 광고를 집행하며 구직자 열람률과 이력서 현황을 체크한다.

**구직자들은 평일에 기존 회사에 다니는 사람들이 많아 채용 사이트를 집중해서 보기 힘들기 때문에 주로 주말, 연휴에 접속률이 높다.**

이 점에 착안하여 광고도 평일보다 주말을 꺼서 노출하길 권장한다.

채용 공고를 게시한 후에도 끝이 아니라, 계속해서 모니터링하고 광고 후의 추이를 세밀하게 점검해야 한다. 홍보비를 투자하고 공고에 노력을 기울일수록, 대표자의 채용 노하우와 기준이 향상되어 적합한 인재를 만날 수 있다.

## 3. 공고 내용

### 관리자(실장, 팀장, 매니저 등) 채용 공고 가이드

| 순서 | 대표 항목 | 소항목 | 포함 사항(선택가능) ||||| 
|---|---|---|---|---|---|---|---|
| 1 | 채용 제목 | | 지역명 | 업체명 | 직무 | | |
| 2 | 회사소개 | 회사명<br>연혁<br>특징 및 비전<br>복리후생<br>사진 소개 | 설립일<br>슬로건<br>공통 복지<br>내부 이미지 | 실적 및 업적<br>차별점<br>행사 및 수상 | 가치관 | 인재상 | |
| 3 | 직무 | | 센터 관리 | 고객 영업 | | | |
| 4 | 업무 | | 인바운드상담 | 고객관리자 | 매장관리자 | 서비스영업 | |
| 5 | 직책 | | 매니저 | 실장 | 팀장 | | |
| 6 | 핵심 역량 | | 계획성 | 성실성 | 꼼꼼함 | 적응성 | 성장지향성 |
| 7 | 경력 유무 | | | | | | |
| 8 | 고용형태 | | 정규직 | 계약직 | 아르바이트 | | |
| 9 | 수습기간 | | 기간 | 수습급여 | | | |
| 10 | 제공사항 | | 교육 | 별도 복지 | 휴가 | | |
| 11 | 모집인원 | | | | | | |
| 12 | 지원자격 | | 학력 | 경력 | | | |
| 13 | 우대조건 | | 학력 | 자격증 | 경력 | 프로그램사용 | 근거리거주 |
| 14 | 근무조건 | 급여<br>근무 요일<br>근무시간<br>쉬는시간<br>휴무일 | 연봉<br>탄력근무여부 | 월급 | 시급 | 식대유무 | |
| 15 | 접수방법 | | 이력서 | 메일접수 | SMS알림 | | |
| 16 | 인사담당자 | | 연락처 | 이메일 | | | |

- 채용 제목

지역과 직무를 포함해 구직자의 입장에서 클릭할 만한 키워드를 넣어 간결하게 기재한다.

대표자가 특별히 지원할 수 있는 교육, 복지 등을 강조해도 좋다.

채용정보                                                          페이스북

미미유 필라테스 아차산역 ✅  ♡ 관심가입
광진구 필라테스 센터 총괄 매니저 구인 합니다. 온라인 마케팅 교육가능

채용정보                                            ✏ 채용공고 수정하기   페이스북

○○○○ ○○○○ ○○○○ ✅  ♡ 관심가입
강남역 피트니스 PT 센터 영업 및 운영 총괄 매니저 업계 최고 우대

<잡코리아 채용 제목 예시>

- 직무 / 업무

직무는 담당해서 맡는 포괄적인 임무-센터 관리, 영업 등을 말하며, 업무는 직무의 세부 내용이 들어간다.

직무를 선택하는 방법이다.

## 직무 선택 요령

<잡코리아 직무 선택 방법>

업종을 선택하는 것이 아닌, 관리자가 하는 일과 연관된 일의 특성을 말한다. 인바운드 영업, 상담 영업, 서비스 영업, 매장관리, 고객 마케팅 등 선택할 수 있다.

– 핵심 역량

관리 업무를 효과적으로 수행하기 위해서는 '계획성, 성실성, 꼼꼼함, 세심함'은 필수적으로 갖춰야 하는 덕목이다. 성장 지향성, 도전 정신, 창의성 등의 외향적인 특징도 긍정적으로 평가될 수 있다.

그러나 관리자는 안정적으로 '고객관리, 센터 관리, 세일즈' 등 규정을 준수하며 일관성 있게 업무를 수행하는 데에 중점을 둔다. 따라서 외부 자극에 쉽게 동요하거나 산만한 경향이 있는 지원자는 적합하지 않다.

이러한 포인트를 공고에서 핵심 역량으로 강조하여, 지원자들이 중요성을 인지할 수 있도록 하는 것이 좋다.

## - 수습 기간

수습은 법적으로 정해진 기간은 없지만, 운동 업계에서는 보통 3개월 정도로 설정하는 편이다. 첫 달은 업무 인계에 집중하고, 두 번째 달은 실무에 적응하는 기간으로, 세 번째 달부터 본격적으로 업무에 착수하는 것이 이상적이다.

수습 기간이 길어질수록 선임자에 대한 의존도가 높아질 가능성이 있으며 인수인계 기간만 늘어나 업무 효율이 떨어질 수 있다. 신입 직원이 실무에 빠르게 적응하기를 원한다면 ==2개월 이내의 수습 기간을 권장한다.==

### 수습 기간에 급여 기준과 계약

수습 기간의 기본급은 급여의 90%로 적용할 수 있다. 수습 이후에는 기본급이 100%로 조정되고, 인센티브 등이 추가되는 등 직원이 동기부여를 받을 수 있도록 설정하는 것도 효과적이다.

근로 계약서는 수습 기간만 적용되는 단기 계약서를 작성하고, 근무 기간에는 업무 시작일과 계약 종료일을 설정한다. '기간의 정함'으로 명시되어 있어야 하며, 이로써 **수습 기간에 역량 부족, 업무 처리 미흡, 귀책 등이 발생했을 때 '정당한 해고 및 계약 만료 해지'가 가능하다.**

정직원 계약을 체결한 이후에는 인력 리스크가 발생해도 근로기준법상 해고하는데 어려움이 따른다. 그래서 사업자가 실무능력을 갖추고 직원을 파악하는 안목을 높여서 수습 기간 안에 정직원 연장 여부를 결정하는 판단력을 가져야 한다.

## – 우대 조건

센터별로 가장 유동적인 항목은 우대요건이다. **필자가 권장하는 우대요건은 'PC/스마트폰 사용 능력', '온라인 마케팅 이해', '근거리 거주자' 3가지다.**

앞서 언급한 것처럼 네이버, 인스타그램 등의 온라인 홍보는 매우 중요하며 이 경로를 통해 대부분의 고객이 유입한다.

특히 네이버 검색, 네이버 플레이스는 고객 유입의 80% 이상 차지하므로 네이버에 대한 이해 뿐만 아니라 그들이 제공하는 서비스를 구분하고 특징을 파악하는 능력이 중요하다.

최근에는 '미리캔버스, 망고보드'를 활용하여 오프라인 홍보물, 배너, 전단지 등 디자인 외주를 주지 않고 직접 사업장에서 제작하는 추세다. 웹 기반 디자인 제작 프로그램을 활용하면 관리자가 더 많은 업무를 원활하게 수행할 수 있다.

전반적으로 <mark>마케팅 이해도가 있고, PC, 스마트폰을 신속하게 잘 다뤄야 업무가 원활하게 진행된다.</mark>

이렇게 주요 공고 내용에 대해 살펴보았다. 채용 공고는 설정한 기한 동안 올리고 방치하면 안 된다. 초기에는 지원자가 나타나지 않을 수 있기 때문에 **주기적으로 수정하면서 반응을 확인해야 한다.** 다른 기업이나 센터의 공고를 참고하면서 자신의 공고도 매력적으로 보이도록 업데이트하고, 다른 대표자나 구직하는 지인들에게 보여주며 의견도 참고한다.

지원자는 해당 사이트나 이메일로 이력서를 제출하게 된다. 따라서 대표자는 휴대전화 알람을 켜고 수시로 지원 현황을 체크해서 합격 여부를 신속하게 응답해야 한다. 면접을 원하는 인재가 있다면 이력서를 저장하고 즉시 연락하여 면접 날짜를 조율한다. **구직자들도 여러 곳에 지원하기 때문에 신속한 면접 절차를 통해 인재를 놓치지 않도록 해야 한다.**

# 면접 기본 질문지 준비

### 관리자 면접에서 기본적으로 준비할 질문 사항

학력 / 과거 이전 경력 확인

고객 대면 서비스 / 전화 응대 수행 능력

관리 업무 자질 / 소질 확인

온라인 광고 이해도 / 웹 디자인 수행 여부

PC / 스마트폰 등 전자기기 친숙도

직접 운동 여부 / 관심도

운동 업계 이해도

면접 전에 인재를 미리 파악하기 위해 질문지를 작성한다. 이력서를 확인하고 질문지를 작성하는 것은 시간이 소요되기 때문에, 사전에 직무 능력, 핵심 역량, 그리고 인재상을 정해두고 기본 질문을 미리 준비해 두면 효율적이다. 그 후에 이력서가 제출되면 그에 맞게 질문을 추가하거나 수정하여 사용할 수 있다.

# 면접 방법

이력서와 면접 질문지 토대로 자연스럽게 대화하는 자리를 조성하자. 지원자가 대표와 센터를 더 잘 이해할 수 있는 기회이므로 편안한 분위기가 중요하다. 최대한 꾸밈없는 태도와 성향을 표현하도록 하며, 질문에 솔직하게 답할 수 있도록 대표자는 인간적으로 응대해야 한다.

상담 시 고객의 상황과 니즈를 파악하여 맞춤형으로 회원권과 운동 방법을 제시하고 결제를 유도하는 것처럼, 면접 역시 지원자를 한 명의 고객으로 간주하고 역량을 파악하는 데 주력해야 한다.

구체적인 방법으로, 질문지와 이력서를 기반으로 가볍게 대화를 시작하고 최대한 많은 이야기를 나눌 수 있도록 유도한다. 대표자는 말을 적게 하고 경청하며 공감하는 태도를 취하여 친근한 분위기를 조성한다.

질문은 시험처럼 딱딱하게 하기보다는 대화의 흐름에서 자연스럽게 던져야 하며, 중간중간에 질문을 통해 상대방의 긴장을 완화하고 편안하게 답하도록 유도한다.

면접이 어느 정도 진행되었다면 대표는 공고 내용을 언급하고, 직무 능력 및 인재상을 강조한다. 대표가 원하는 업무 조건, 방식, 태도 등이 있으면 한 번 더 알려주며 상대방이 숙지한 점을 확답 받는 것도 경각심이 들게 하는 방법이다.

**센터의 특징, 특장점, 보완점까지 솔직하게 오픈하여 구직자의 궁금한 사항을 충족시켜 주자.** 구직자가 고려해야 할 점을 미리 알려주어 입사 후에도 혼란이 없도록 도움을 주어야 한다. 또한 센터의 보완점이 있다면, 장단점을 솔직하게 언급하고 함께 보완할 부분에 대한 계획을 제시하여 대표의 솔직함과 신뢰를 전하는 방법도 추천한다.

필자의 경우는 2가지 방식으로 면접을 진행한다. 센터에서 수업이 진행 중인 경우, 근처 조용한 카페에서 면접을 본다. 이때 구직자에게 상황을 설명하고 면접 후 근무 장소로 이동한다.

공강일 경우에는 센터 상담실에서 면접을 본다. 두 면접 방식에서 공통점은 구직자를 신규 고객이라 생각하고 상담 진행, 센터 투어를 동일하게 한다. 물론 결제를 유도하는 멘트나 영업적인 분위기는 제외한다. 센터 투어를 하는 이유는 근무 장소를 소개하는 목적과 만약 채용했을 경우 업무 교육의 연장선상으로 일관성을 주기 위한 목적이다. 무엇보다 고객처럼 대접받은 구직자는 마음을 열고 진심과 정보를 표출한다.

## 3장

## 관리자 업무 체계

| 관리자 업무 매뉴얼 및 역할 | 92 |
| 업무 세부 사항 | 94 |
| 세일즈 매뉴얼 중요성 | 100 |

# 관리자 업무 매뉴얼 및 역할

관리자가 업무를 전문적, 효율적으로 할 수 있도록 센터에서 발생하는 모든 운영 업무를 항목으로 나누고 세분화한 가이드다. 다른 용어로, '센터 운영 체계'이기도 한다.

'운영 체계'가 즉 관리자의 '업무 매뉴얼'로 활용되기 때문에, 사전에 운영 전반적인 체계를 항목화하고 설명과 처리 방법까지 정립하면 관리자 교육자료로 활용할 수 있는 큰 장점이 있다. 더불어 매뉴얼 자체가 '업무 수행 지표'로 기능하여 관리자의 수행 능력을 파악하고 평가할 수 있다. 근태와 관련된 사항에서는 '근무 태만, 업무 누락, 실수로 인한 손해 등이 발생할 경우 매뉴얼을 근거로 징계나 훈계 조치를 할 수 있도록 근거를 마련한다.

매뉴얼 문서는 가급적 온라인으로 기록하는 것이 좋다. 워드나 한글 파일, 온라인 노트, 노션 등 사용이 편리하고 쉽게 열람할 수 있는 프로그램을 활용하는 것이 바람직하다. 특히 워드나 한글 파일을 사용할 경우, 각 문서의 제목을 '업무 항목'으로 명확히 기재하여 쉽게 알아볼 수 있도록 해야 한다.

온라인 문서를 사용해야 하는 이유가 있다.

이 '업무 체계'는 관리자에게 하나의 백과사전으로 작용한다. 매뉴얼을 온라인에 기록하면 언제든 키워드만 입력해서 찾아볼 수 있으므로 관리자가 독립하고 나서도 대표자에 대한 의존도를 줄이고 안정적으로 업무를 수행할 수 있다. 매뉴얼을 세부적이고 구체적으로 정리하면 관리자가 신속하게 습득할 가능성이 커지며, 이는 매출과 직결된 세일즈나 마케팅 등의 생산적인 업무에 더욱 집중할 수 있도록 도와준다.

따라서 관리자 채용 전에 '업무 체계와 매뉴얼'의 중요성은 상당히 크기 때문에, 현재 업무체계가 부족하거나 미흡하다면 신속하게 준비하길 바란다.

**\*1장 > 센터 운영 체계 참고**

## 업무 세부 사항

　관리자 채용이 결정되고 입사가 완료된 후에도, 많은 대표자들은 어떤 업무를 적절히 지시해야 할지 모르는 경우가 있다. 대부분은 센터 청소, 고객 응대, 상담, 블로그 글쓰기 등을 시킬 것이라고 계획을 세우지만, 세부 업무 내용이 부족하므로 명확한 지시가 어렵고, 그 결과 업무 완성도도 낮아지는 경우가 많다.

　그러면 관리자도 업무에 혼선과 정체성의 혼란이 발생할 수 있다. 포부와 열정을 가지고 입사했지만, 실제 업무 분장이 애매하고 성과 지표가 미비하면 갈피를 잡기 어려울 수 있다. 결국, 업무 태만이나 본인의 방식으로 기준 없이 일하는 상황이 벌어지기 마련이다.

　**그러므로 어떤 업무를 어떻게 맡기고 지시할 것인지 계획하는 것도 대표자의 중요한 역할이자 능력이다.**

## 관리자가 하는 대표적인 업무

| | |
|---|---|
| 영업 | 상담, 신규 회원 유치, 재등록 |
| 마케팅 | 홍보 모니터링 및 마케팅 협조 |
| 회원 | 회원 관리, 이벤트 기획 |
| 센터관리 | 센터 환경, 시설 전반 책임 |
| 강사관리 | 스케쥴 체크, 고용 협조, 페이롤 |
| 매출 | 수익 지출 관리, 회원권 금액 |
| 보고 | 업무, 매출, 문의 및 유입 경로 |

### - 영업

매출과 직결된 업무로서 신규 회원 유치에 일조하고 세일즈 상담을 주도하는 일을 한다. 기존 회원들의 재등록을 유도하고 회원권 결제 단가를 최대한 높일 수 있는 영업 전략을 구사하도록 능력을 키워야 한다.

관련하여 세일즈 매뉴얼에 대해 다음 장에서 언급하겠다.

### - 마케팅

온라인 마케팅의 중요성이 높아지면서 홍보 관련 업무가 필수적으로 강조되고 있다. 대표적으로 네이버 플레이스, 네이버 블로그, 인스타그램이 온라인에서 주목을 받고 있으며, 웹 디자인 작업도 함께 진행된다.

모든 플랫폼을 관리자가 직접 운영하는 것이 가장 이상적일 것이지만, 전체적인 홍보 업무를 맡는 데는 시간적 제약이 있고, 다른 중요한 업무들 또한 처리해야 한다.

이러한 이유로 **마케팅과 홍보 분야는 대표자 주도로 관리하고, 관리자는 이 중에서 특정 부분이나 서포트 역할을 하는 것이 가장 효율적이다.**

### - 회원 관리

회원과 관련한 모든 소통 행위를 말한다. 회원 응대, 회원 컴플레인 취합 및 보고, 이벤트 기획과 진행 등을 포함한다. 관리자가 업무적으로 성장해서 회원 니즈와 특징을 전반적으로 파악하고 회원권에 대한 이해도가 높아지면 이벤트도 직접 기획할 수 있는 역량이 생긴다.

==회원 관리는 특히 공식적인 업무 인수인계가 끝난 후에도 대표자가 주의를 기울여야 하는 부분이다.== 회원마다 소통 특징, 성향, 운동 목적, 출석 패턴 등이 모두 다르기 때문에 각각의 케이스에 맞는 응대 방법을 제시하고 함께 스터디를 진행한다. 센터에서 추구하는 회원 관리 방식을 기반으로 한 맞춤형 고객 관리가 최적의 방법이다.

### - 센터 관리

센터 청소 및 정돈, 기구 및 집기류 관리를 의미한다. 관리자 혼자 대청소를 하기에 한계가 있으므로 데일리 청소 프로세스를 만들어서 해당 범위에서는 완벽한 수행을 위한 업무 지시가 필요하다. 기구와 가구,

큰 시설물은 주기적으로 관리하는 시기를 정하고, 소모품과 집기류는 항목을 만들어서 부족함이나 재고가 발생하지 않도록 한다.

필자가 만난 센터 관리에 경험이 풍부한 대표자들은 '동선에 따라 효율적으로' 데일리 청소를 진행한다는 공통된 특징을 갖고 있다.

**규모에 상관없이 청소 루틴이 연결된 동선에 따라 세부적으로 계획되어 있다. 청소를 단순히 남겨진 '일거리'가 아닌 일상 업무의 일부분으로 간주하여 부담은 낮추면서도 항상 주의를 기울이는 것을 강조한다.**

이러한 '철학적 체계'를 관리자에게 소개하고, 청소의 본질에 대해 교육하면서 미흡한 경우에는 파장까지 설명하여 경각심을 가지도록 유도한다.

## – 강사 관리

관리자는 강사의 상사가 아닌 직장 동료로 간주한다. 강사와 트레이너에게 관리자의 위치와 역할을 명확히 알리고, 서로 간의 오해나 권한 분쟁이 없도록 중재하고 분위기를 조성하는 것이 대표의 역할이다. 관리자는 강사들의 스케줄을 체크하고 수업을 배정하며 시간표를 설정하는 업무를 수행한다. 또한 강사 채용 시 공고, 이력서 수집, 면접, 채용 확정 과정에 협조해야 한다. 센터에서 수업료 페이롤을 수기로 처리하는 경우, 관리자는 이를 취합하고 확인하는 작업도 담당한다.

**강사와의 관계 형성이 원활해야 강사 관리 업무가 수월하다. 갈등이나 오해가 적은 것이 중요하며, 이러한 상황이 발생하면 업무에도 부정적인**

영향을 미칠 수 있다. 따라서 대표자는 상시로 직원들 간의 관계와 분위기를 세심하게 파악해야 한다.

## - 매출 관리

회원권 매출을 기반으로 센터의 총매출과 지출을 기록하고 인건비를 파악하는 역할을 맡는다. 이를 통해 수익 분석을 수행하여 센터 운영에 대한 높은 이해도를 확보하고, 대표와의 업무 소통이 원활하다. ==매출 관리에서 중요한 부분은 회원권 단가와 금액 구성에 대한 이해도다.== 그룹 레슨, 개인 레슨 등의 다양한 단가 형성에 따른 매출 변동을 파악하여 매출 목표를 설정하고 회원권 이벤트를 주도적으로 계획할 수 있다.

이러한 역량은 단기간에 형성되지 않는다. **대표가 지속적으로 매출 목표를 설정하고 달성할 수 있는 방법을 교육하면서 실전에서 익히도록 지원해야 한다.** 또한, 회원권을 생성할 때는 금액의 근거와 회당 단가의 마지노선 금액을 염두에 두고 무분별한 할인이나 이벤트를 예방해야 한다.

## - 보고

보고 체계는 7가지의 대표적인 업무의 정점이다. 관리자가 모든 일을 잘 수행하더라도 보고가 빠지면 업무는 무용지물로 돌아간다. 성과 여부와 상관없이 보고는 필수적인 요소다. 보고가 소홀한 업무는 센터를 위험에 빠뜨리는 길일 수 있다.

업무 보고를 기본으로 매출, 고객 현황, 고객 유입경로 등 대표자가 주기적으로 파악하고 싶은 정보를 약 5가지 이내로 정리하여 보고 프로세스를 만들면 된다. 또한 ==보고 체계는 간결하고 명확하게 구성되어야 한다. 지나치게 복잡하고 상세한 구성은 관리자에게 스트레스를 유발하며 보고가 본래의 목적을 잃게 할 수 있다.== 보고는 대표자와 관리자 간의 소통 행위 중 하나로, 객관적이면서도 진정성 있게 작성되어야 함을 강조한다.

하나하나 따지면 관리자가 해야 하는 업무가 상당히 많아 보인다. 이 모든 업무를 수행하려면 고스펙의 경험자를 채용하여 급여 수준이 높아지는 것을 염려하는 대표자도 있을 것이다. 이러한 우려는 대표자가 실무를 잘 모르는 경우 불안감을 가질 수 있다.

하지만 이러한 업무는 명확하게 인지하기 위해 상세하게 나눈 것 뿐, 각 항목별로 많은 시간이 소요되지 않으며 간헐적으로 수행하는 업무도 있다. 강사 관리, 매출 관리, 마케팅 등 추가로 업무가 있어도 근무 시간과 '워라벨'을 실천하면서 일할 수 있다.

# 세일즈 매뉴얼 중요성

관리자의 업무 중에서 가장 중요한 부분은 무엇일까? **대표자의 운영 기준이나 센터의 현황에 상관없이 절대적으로 중요한 것은 '세일즈'다.**

다른 업무는 한두 번의 누락이나 실수가 있더라도 비교적 빨리 만회할 수 있다. 그러나 신규 회원이나 재등록 회원을 한 번 놓치면 거의 다시 잡을 수 없다. 영업 실패가 누적되면 매출에 부정적인 영향을 미치고 센터의 운영에 지장을 초래할 수 있다.

==특히 현재 운동 트렌드의 다양화, 경기 침체, 경쟁 심화 등의 어려운 환경에서는 뛰어난 세일즈 능력이 더욱 중요하다.==

처음으로 돌아가서, 우리가 관리자를 선발하는 궁극적인 목적은 대표자를 대신하여 센터의 업무를 효율적으로 수행하고, 마케팅과 홍보를 통해 신규 고객을 유치하는 것이다. 이러한 이유로 관리자는 우수한 영업 능력을 가지고 자체 인건비를 충당하며 센터의 지속 가능성을 높여야 한다. 그래서 채용 시에도 상담, 영업 등의 직무 경험을 필수 요건으로 고려한 것이다.

대표자는 본질적인 의미를 계속 새겨야 한다.
**그렇다면 관리자의 세일즈 능력을 높이는 방법은 무엇이 있을까?**
**2가지가 있다.**

**첫 번째, 세일즈 전문 인력을 뽑는다.**
**두 번째, 대표자가 직접 세일즈 교육을 해서 관리자의 역량을 높인다.**

첫 번째 방법은 비교적 간단하지만, 추가 인건비가 발생한다. 영업 전문가를 고용하여 관리 업무를 부여하면 약 1.5배에서 2배 정도 급여가 상승할 것이다. 그러나 단일 매장에서 영업 전문가를 고용해 센터 관리를 맡기는 것은 인력 비효율과 인건비 과다 지급으로 인해 수익 하락을 초래한다. 그래서 필자는 이 방법을 권장하지 않는다.

그렇다면 답은 정해져 있다. 대표자가 직접 세일즈 교육을 해야 한다. 그러기 위해서 2가지가 준비돼야 한다.

v **'세일즈 매뉴얼'**
v **대표자의 '세일즈 능력'**

대표자가 솔선수범해서 영업하고 그 모습을 보여주며 세일즈 프로세스와 스킬을 관리자에게 전수해야 한다. 같은 가치관과 방법으로 영업함으로써 센터의 고유한 색깔을 유지할 수 있다. 또한 대표자만의 **세일즈 방법, 노하우 등을 담은 '세일즈 매뉴얼'을 만들어서** 이를 기반으로 관리자를 교육하고 세일즈 전문가로 성장시켜야 한다.

**당연히 대표자도 세일즈에 대한 이해와 중요성을 알아야 세일즈 교육을 진행하고 지시와 업무평가를 할 수 있다.**

필자는 20년간의 영업인 경험을 통해 아르바이트부터 시작하여 회사 업무를 통한 영업 기술과 가치관을 갖추고 있다. 이러한 나의 노하우를 우리 업계의 특징과 결합하여 영업 매뉴얼을 만들고 꾸준히 업데이트를 통해 관리자 영업 교육 자료로 활용하고 있다.

또한 세일즈, 고객 관리, 고객 심리 등과 관련된 서적을 많이 읽고 대표자의 철학과 센터 상황에 맞는 내용을 기재하여 즉각 실천하고 있다. 이러한 기록물과 경험, 우리만의 방식이 쌓여 세일즈 노하우로 굳혀졌다.

덕분에 영업 경험이 전무한 사회 초년생도 필자의 교육을 받으면 한 달 안에 능숙하게 상담하고 세일즈 능력을 발휘하여 매출을 창출하는 인재로 성장한다.

기초 역량만 갖춘 사람이 오면 교육만으로 세일즈 능력을 높일 수 있는 자부심과 자신감이 있기 때문에 관리자의 실수, 퇴사, 채용에 큰 불안감이 없다. 인력기반 사업에서 채용 스트레스를 감소 시킬 수 있는 원천은 결국 대표자의 실무 능력과 실천력이다.

대표자가 영업 경력이 없어도 요즘은 강의, 유튜브, 도서 등 언제 어디서든 접하기 쉬운 자료가 많으니, 대표자가 먼저 양질로 접하고 배우길 바란다.

관련해서 필자가 추천하는 세일즈 서적을 꼭 참고해 보길 바란다.

<세일즈 워크아웃 - 안성주, 오경민 저>

피트니스 필라테스 업계에서 수년간 종사하며 다수의 센터를 운영하는 대표자들이 직접 집필한 세일즈 서적이다. 이 책의 저자들은 경영하면서 직원 교육과 사업자 세일즈 강의를 병행하며 이론과 경험을 동시에 쌓은 선구자들이다. 업계에 맞춤형으로 작성된 이 서적은 여러 매체를 통해 정보를 습득하는 시간이 부족하거나 핵심 이론을 우선적으로 학습하고자 하는 분들에게 쉽고 빠르게 적용할 수 있는 가이드북으로 손색이 없을 것이다.

초보 트레이너, 예비 창업자, 현장에서 활동 중인 관리자들에게도 영업 교과서로 유용하게 활용될 수 있다. 고객의 관심을 끌고 관리하는 데 필요한 세일즈의 본질부터 고객 관리 기법까지 포괄한 이 서적은 피트니스 분야에서 실무 역량을 향상시키는 데 큰 도움이 될 것이다.

> 우리는 운동 지도를 하는 세일즈맨이다.
> 세일즈 매뉴얼은
> 운동 서비스에 신뢰를 더하고
> 격을 높이는 수단이다.

# 4장

## 업무 인수인계 및 지시

| 업무 인계 플랜 | 110 |
| 업무 인수인계 요령 | 113 |
| 효과적으로 업무 지시하는 수단 | 120 |

FITNESS OFFICE 피트니스 필라테스 실무 관리 매뉴얼

업무체계를 정립하고 매뉴얼까지 준비했다면 최대한 빠르게 관리자에게 명확하게 전수하고 실천할 수 있도록 교육해야 한다. 이때 리더십의 가치가 두드러진다. 대표자의 역량을 최대한 발휘하기 위한 업무 전달 방법, 유의 사항, 효과적인 지시 방법까지 소개하겠다. 어떤 서적이나 강의에는 나오지 않는 업계 노하우다.

20년간 세일즈 업무를 지속할 수 있었던 필자의 원동력은 실적이나 수당이 아니었다. 바로 나를 믿어주고 끌어주는 상사, 선임자가 있었기 때문이었다. 영업의 장단점은 함께 일하는 동료가 나보다 유능하면 배우고 빨리 성장할 수 있는 반면, 무능하고 부정적인 상사가 있다면 영향을 받기 마련이다. 그래서 홀로서기를 하거나 해당 집단에서 계속 일할 수밖에 없을 때는 정신력으로 버티고 다른 성장 경로를 찾아야 한다는 것을 깨닫게 되었다.

회사 생활 7년과 현재 피트니스 경영 연구소에서의 활동 3년을 합쳐, 필자는 약 열 명의 직속 상사를 경험했다. 이 중 본받을만한 인물은 네 명 정도였다. 그러나 존경의 기준은 실적이나 매출이 아니었다. 오히려 세일즈 결과는 필자가 더 좋았다. 모든 상사들이 업무적 서포트와 정신적인 믿음을 제공하고, 생산적인 일에 집중할 수 있도록 기본 환경을 만들어준 덕분이라고 생각한다.

==유능한 상사들의 공통점은 '체계', '계획', '효율성', '실천력'을 강조한다. 이 4가지를 4 Basic Skills라고 해서 '4BS'라 칭한다. '4BS'를 갖추고 지속하면 어떤 일이든 결과가 기대 이상이다.==

이때 배운 '기본 체계', '계획', '효율성', '실천력'을 우리 업계 방식으로 재구성하고 현장에서 실행하니 '고객 관리', '마케팅 홍보', '매출 증대'에도 많은 도움이 됐다. 특히 '관리자 업무 인수인계'에 '4BS'는 절대적인 기준이 됐다.

'기본 체계', '계획', '효율성', '실천력'을 반영한 관리자 업무 인수인계 절차를 소개하겠다.

## 업무 인계 플랜

업무 인계는 최대한 '간결하고 빠르게 진행'되어야 한다. 인계 기간이 길어질수록 그에 대한 긍정적인 효과는 미미하다. 일부 대표자들은 시간을 여유롭게 두고 하나하나 업무를 세세하게 알려주려는 경향이 있다. 하지만 이러한 방식은 업무 교육에 많은 시간이 소요되며, 결국은 관리자가 독립적으로 업무를 수행하기 어려워진다.

'5일 완성, 한 달 누적제'의 업무 인계 플랜을 적용해 보자. 이 **방법은 주요 업무를 5일 안에 빠르게 전달하고, 유사한 내용은 주별로 누적하는 방식이다.** 업무 인계를 효과적으로 수행하는 최선의 방법은 '반복'이다.

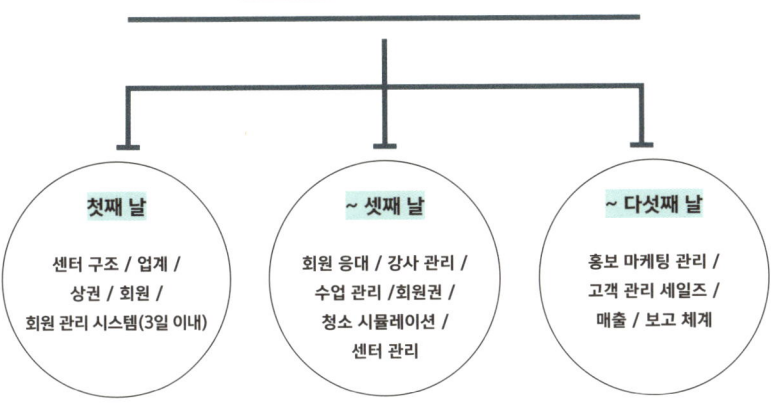

　첫째 날에는 센터의 구조, 업계와 상권의 특징, 그리고 회원 관리 시스템(CRM)에 대한 기본 이해를 제공한다. 둘째 날에는 회원 응대, 강사 관리, 수업 설명, 회원권 유형 등 운영 체계의 중요성을 강조하며 차례로 소개하고, 이어서 센터 관리 및 청소 시뮬레이션을 진행한다. **계속 반복 교육을 예정하므로 초반에 대표자가 의욕만 앞서 업무에 너무 무게를 싣지 않도록 주의한다.** 계단을 밟아 올라가듯이, 숲에서 나무로 시야를 옮기듯이 업무의 무게를 차차 늘리며 교육을 진행한다. 처음부터 직원에게 업무 숙지의 부담을 주면 좋은 인재도 견디기 힘들어 중도 퇴사할 가능성도 있다. 따라서 **대표자도 상황을 살피며 교육을 계속 진행해야 한다.**

　다섯째 날까지는 모든 업무를 한 번씩 소개해야 한다. 5일 차에는 환경에 적응한 직원들에게 중요한 홍보, 마케팅, 세일즈, 매출, 보고 등의 업무 인계를 진행한다. 5일 차에는 이미 거의 모든 업무를 훑었으므로, 다음 주에는 동일한 주제를 더 심도 있게 다루고, 한 달 안에는 이론을 완전히 익힐 수 있도록 반복 교육한다. **이 과정에서 숙지 여부를 테스트하는 것은 필수다.**

**테스트와 평가 역시 대표자가 실무를 잘 알아야 핵심적으로 체크할 수 있다.** 대표자도 모르면 어떤 부분을 중점적으로 확인해야 하는지 판단이 안되기 때문에 관리자가 잘못된 방향으로 학습할 우려가 있다.

테스트와 평가는 업무의 연장선이다. 인수인계 기간뿐만 아니라 지속적으로 대표자와 관리자가 상호 소통하는 것이 필요하다. 이를 통해 업무 파악, 정보 누락 예방, 그리고 관리자의 업무 태만을 방지하여 운영 리스크를 최소화할 수 있다.

# 업무 인수인계 요령

## 1. 관리자 파악

대표자는 먼저 관리자를 신속하게 파악해야 한다. 직무에 대한 니즈, 업무 소질, 능력, 원하는 것, 맞지 않는 것 등에 따라 업무의 범위와 비중이 달라질 수 있다. **업무와 관련된 소질, 장점, 단점, 성향 등은 직원을 접할 때마다 의미를 두고 파악해야 한다.** 마치 회원을 상담할 때 집중적으로 분석하는 것처럼, 직원을 알아야 업무를 적절하게 지시하고 기대효과를 계획할 수 있다.

사람을 파악하는 능력은 즉각적으로 형성되지 않는다. 인문학, 심리학, 인간 행동학 등의 관련 서적을 통해 이론적 지식을 쌓고, 기존 직원, 회원, 지인들을 대상으로 상대방의 성향, 자질, 그리고 잠재력을 파악하는 연습을 끊임없이 해야 한다.

## 2. 업무 우선순위화

관리자의 업무를 중심으로 교육 순서를 짜고 단계별로 지시와 평가를 한다. 상황에 따라 중구난방이나 순서 없이 업무 인계를 하면 실제 업무도 기준 없이 진행할 가능성이 높다. 그래서 **처음에 습관을 잘 들이는 방법은 '업무 우선순위화'하는 것이다.**

==핵심 요령은 업무의 비중에 따라 우선순위를 두고 날짜별로 주제를 정해서 교육한다.== 이러한 인계 과정을 효율적으로 도와줄 온라인 프로그램을 하나 소개하겠다.

### 에버노트 - www.evernote.com

온라인 문서 노트 클라우드 서비스로서 다양한 파일 첨부와 웹 페이지 스크랩 등이 가능하다. **가장 유용한 기능은 기기 호환성이 뛰어나다는 점이다. PC와 스마트폰에서 동시에 사용할 수 있다.** 비슷한 프로그램으로는 '노션, 원 노트' 등이 있다.

에버노트에서 업무의 큰 항목을 노트북으로 나누고 그 안에서 세부 내용을 기록한다. (예시 사진 참고) 문서화된 업무 프로세스가 에버노트에서 도식화로 나타난다. 그래서 체계를 한눈에 파악하기 유리하고, 검색 기능으로 찾아보기도 쉽다.

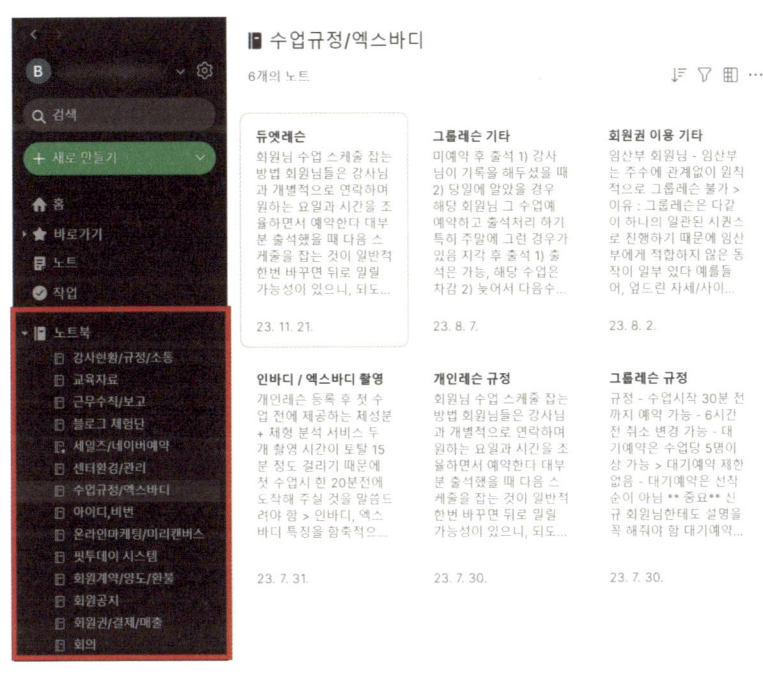

<실제 사용 중인, 업무 체계가 담겨있는 에버노트>

필자는 센터의 업무 체계를 에버노트에 기록하여 해당 내용을 그대로 관리자 업무 교육에 활용하고 있다. 더불어 센터의 휴대전화와 PC와 연동하여 관리자가 실시간으로 열람할 수 있도록 조치했다. 또한, 주간 회의록도 동일한 플랫폼에 기록하여 회의 전후로 내용을 확인할 수 있다. 수정 또는 추가된 내용은 연결된 모든 기기에서 확인 가능하다.

관리자는 필요한 정보를 즉각적으로 접근할 수 있으며, 궁금한 점이 있을 경우 키워드를 검색하여 해소할 수 있다. 이러한 체계는 대표자의 일거리를 줄이는 효과를 가져온다.

## 3. 주기적인 업무테스트

**인풋(input)만 있고 아웃풋(output)과 평가(test)가 없으면 관리자의 업무 능력 향상이 어려울 수 있다.** 실제로 행동하고 그에 대한 평가가 없다면 업무는 관리자 본인만의 방식으로 고착될 수 있다. 업무능력이 정체될 수도 있다. 또한 올바르지 않은 방법으로 업무를 진행한다면 나중에는 수정하기 어려울 수 있다.

가장 중요한 것은 잘못된 방법으로 업무를 수행한 경우, 대표자가 지적했을 때 부작용이 발생할 수 있다는 점이다. 초반에 올바른 방법으로 가르쳐주지 않으면 대표자의 잘못으로 오해하거나 트집을 잡아 부정적인 효과가 발생할 수 있다. 학생 시절에 시험을 볼 때처럼 업무 테스트 과정이 필요하다. 업무량과 대표자의 스타일에 따라 평가 방식은 다양할 수 있다.

필자의 경우 날짜를 정하고 테스트를 하기보다 교육 자체는 빈틈없이 진행하면서 빈번하게 발생하는 가상의 상황에 대한 테스트를 포함한다. 반복적인 학습을 통해 업무를 습득하게 하며, 실수할 확률이 적다고 판단되면 바로 실무에 투입하여 일을 진행하고 피드백과 테스트를 병행한다. 이러한 방식으로 관리자의 업무 능력도 향상시킬 수 있다.

## 4. 상호 피드백 요령

### 1) 기록하기

지시만 하는 업무는 대표자의 업무 책임을 완전히 전가하는 것과 같으며, 업무 태만을 초래할 수 있다. 대표자가 지시한 내용을 본인이 기억하지 못한다면 직원들은 부정적인 감정과 불신, 무시, 월권 등의 문제가 발생할 수 있다. 더욱이 일의 중요도가 감소하며 중대한 사항이 누락될 우려가 있다.

대표자가 사람을 고용한다면, 그만큼 에너지를 써야 하는데, 그 중에서도 **가장 중요한 것은 기록하는 습관**이다. 기억력이 부족하더라도 올바르게 기록했다면, 나중에 참고하여 적절한 지시를 내릴 수 있다.

필자는 정보를 꼼꼼하게 정리하고 명확하게 재 전달하는 능력에 대한 호평을 받고 있다. 필자는 실제로 기억력이 좋지 않고 심지어 산만하며 실수도 잦다. 단점을 보완하기 위해 기록하고 체계적으로 정리하는 습관을 만들었다. 사업 관련 일들에 대해서는 작은 것도 메모하고 필요할 때 언제든 찾을 수 있는 개인적인 시스템을 구축했다. 메모지를 소지하는 것조차 잊어버릴 수 있어서 휴대전화와 PC가 연동되는 기록 앱을 활용하고 있다. 앞서 소개한 '에버노트'도 이러한 기록 방식 중 하나다.

유사한 경험을 가진 많은 사람들이 있을 것으로 생각되어, 필자의 경험을 바탕으로 극복하는 방법을 공유한다.

## 2) 기한 설정

업무 지시의 핵심은 바로 '기한 설정'이다. 업무의 마감 기한을 명확하게 언급하고 그때까지 특정한 피드백을 요청하는 것이 중요하다. 대표자는 시점을 반드시 기억하고 진행 상황을 주기적으로 확인하여 일의 진전을 도모해야 한다.

일에 의미를 부여해서 단순한 참견으로 받아들이지 않도록 지속적으로 노력해야 한다. 만약 직원이 이를 부정적으로 인식한다면, 해당 직원에 대한 추가 교육이 필요하다. 이는 인수인계 기간뿐만 아니라 앞으로의 모든 업무 소통에도 반영돼야 한다. 기한을 명시하지 않고 자율적으로 보고를 맡긴다면, 직원은 편한 때에 하거나 아예 보고서를 제출하지 않을 가능성이 높다.

직원의 성향이나 업무 수행 방식에 따라 보고를 받아내는 방법도 다양하므로, 대표자도 경험을 통해 습득하는 과정이 필요하다.

## 3) 공사(公私) 구분

가장 중요한 것은 공과 사를 명확히 구분하고 감정을 표출하면서 커뮤니케이션하지 않는 것이다. 대표자가 관리자에게 인수인계를 할 때 답답하고 막막한 순간이 있을 수 있다. 이는 아직 상대를 충분히 이해하지 못한 상태에서 나오는 것이기도 하다. 그러나 감정을 표현하면 직원은 위축되고 부정적인 인상을 받을 수 있으며, 업무 학습에 어려움을 겪을 수 있다. 항상 사업장과 대표자를 위한 일로서 업무교육을 진행할 때는 평정심과 객관성을 유지하는 것이 중요하다.

만약 계속 가르치더라도 실수를 저지르고 남 탓만 하는 사람은 적절한 인재가 아닐 수 있다. 이럴 경우 빠르게 포기하고 적합한 인재를 찾는 것이 합리적인 선택이다.

## 5. 업무 지시의 3박자
  : 우선순위화 > 정확성 > 상호 피드백

업무 지시 및 보고 시 핵심은 3가지로 정리된다.

먼저, 업무 지시 시에는 주어와 목적어를 명확하게 포함하여 지시 내용을 중요도에 따라 '우선순위화'해야 한다. 지시의 목적과 기대효과를 명시하여 업무를 명확하게 이해할 수 있도록 노력해야 한다.

반대로, 관리자가 보고할 때도 3박자를 추구하는 것이 중요하다. 특히 중요하거나 복잡한 업무의 경우 해당 업무의 의미와 방향성, 예방 방법을 추가로 설명하고 수행하는 관리자의 책임 소지를 강조하여 업무 지시에 대한 경각심을 부여해야 한다.

또한, 관리자는 단순히 상황을 전달하는 허수아비가 아닌, '관리=책임'이라는 공식을 인식해야 한다. 이 공식은 대표자가 관리자를 존중하고 우대하며, 책임감과 주인의식을 적절히 심어주어야만 자연스럽게 이해될 수 있다.

# 효과적으로 업무 지시하는 수단

앞서 소개한 에버노트처럼 대표자와 관리자의 소통을 효율적으로 돕는 수단이 있다. 필자가 사용하는 몇 가지 방법을 소개한다.

| 변동성 낮은 고정 업무 | 업무 체계 | 에버노트 |
|---|---|---|
| | 업무 매뉴얼 | |
| | 세일즈 매뉴얼 | |
| 회의 기록 | 에버노트 | |
| 기간별 누적 업무 | 업무 전달 게시판 | 핏투데이 |
| 일회성 업무 소통 | 관리자(센터폰)-대표자(오픈채팅방) | |

<필자가 사용하는 소통 수단>

용도와 사용량에 따라 소통 수단도 구분했다.

- **변동성 낮은 고정 업무**

 1장에서 다룬 '센터 업무 체계'와 각종 매뉴얼, 행정 서류, 계약서 등이 해당한다.

 한번 정하면 거의 변동이 없는 규정들은 '에버노트'에 인덱스 노트처럼 항목별로 저장해서 서로 열람할 수 있도록 한다.

- **기간별 누적 업무**

 기간별 누적 업무란, 고정 업무와 구별되는 센터에서 계속해서 발생하는 특별한 상황 및 이슈를 말한다.

 예를 들어, 재등록 이벤트 업무는 특정 시기에 주기적으로 발생한다. 필자는 수행 **방법을 '핏투데이(CRM) > 업무 전달 게시판'을 통해 매니저에게 지시하고 내용을 누적한다.** 이렇게 시스템으로 서로의 업무 현황을 확인한다.

 오전-오후 2인 체제의 관리자가 있는 경우에도 누락이나 오해 없이 원활한 소통이 가능한 기능이다.

- **일회성 소통 업무**

 **일회성 커뮤니케이션은 카카오톡이 적합하다.**

 관리자는 개인 휴대전화 대신 센터 휴대전화를 사용하고, 대표자는 개인 프로필이 아닌 **오픈 채팅방에서 소통하는 것을 권장한다.** 최대한 공과 사를 구분하려는 목적이 크며, 감정적인 사안이 발생할 때 객관성을 유지하기 위한 조치다.

더불어, 직원의 개인 계정에 업무 관련 정보를 남기는 것은 지양하고, 퇴근 후나 휴일에는 업무 관련 대화를 최대한 자제하는 것이 바람직하다. 이는 공과 사를 명확히 구분하고, 관리자의 사생활을 존중하는 의미가 담겨 있다.

강사 및 트레이너들을 위한 단체 채팅방 운영 시, 동일한 방식을 권장한다. 특히 프리랜서 비중이 높은 경우, 공지 및 개별 메시지를 주고받는 과정과 내용에 있어 자칫 근로자성 오해가 생기지 않도록 수단부터 다르게 접근해야 한다.

www.fittoday.co.kr

<핏투데이 플러스>
피트니스업 회원관리 운영 통합 솔루션

* 서비스 내용 확인 및 무료 체험은 QR코드를 스캔해 주세요.

## 5장

## 채용 후 대표자가 하지 말아야 할 것들

| | |
|---|---|
| 일관성 가지기 | 126 |
| 떠먹여 주기 금지 | 127 |
| 기억과 호응하기 | 129 |
| 지나친 배려 자제 | 130 |
| 적당한 거리두기 | 132 |
| 희망 고문 금지 | 133 |

FITNESS OFFICE 피트니스 필라테스 실무 관리 매뉴얼

필자가 약 8년 간 직간접적으로 다양한 유형의 직원과 강사를 접하고, 관련한 정보를 수집하면서 확고하게 다진 '**대표자의 직원 관리 강령**'이 있다. 위에서 소개한 모든 방법론에 이 철학을 동반해야 비로소 완성도 높은 관리자 채용 및 관리를 할 수 있다.

## 1. 일관성 가지기

위에서 언급한 업무 지시의 3박자인 우선순위화, 정확성, 상호 피드백의 **핵심은 '일관성'**이다. 업무 지시 내용, 주기, 피드백, 확인 작업까지의 연관성을 유지하며 적기에 실시하는 것이 중요하다.

예를 들어, 회원권 이벤트에 대한 회의를 진행한다고 가정해보자. 회원권의 가격에 대한 이야기를 할 때 갑자기 다른 주제로 이동하여 이벤트 이미지를 만드는 사안을 논의하고, 이후에 다시 이미지에 대한 시정을 요구한다면 중구난방한 소통이 될 것이다. **정해진 주제에 맞는 회의를 진행하고 지시를 내려야 한다.** 중간에 다른 사안이 떠오르더라도 이후에 연관 지어 일관성 있게 소통하는 것이 효과적이다. 흐름을 자연스럽게 이끌어내는 것도 대표자의 능력 중 하나다.

또한, 직원에게 맡기는 업무는 한 번에 감당할 수 있는 범위로 설정해야 한다. **특히 뜬금없이 나오는 '팝업(pop up) 지시'를 지양해야 한다.** 어떤 대표자는 직접 해야 하는 업무나 개인적인 일을 관리자에게 위임하는 오류를 범한다. 직원은 대표자의 비서가 아니며, 일정하지 않은 업무로 인해 직원의 불안감이 증가하고 주요 업무의 집중도가 저하될 수 있다.

필자가 간접적으로 경험한 **'팝업 지시+비서 업무'**의 대표적인 사례를 소개하고자 한다. 관리자는 대표자의 일을 대신하는 인력, 내 돈 주고 내가 쓰는 사람, 이러한 단편적인 기준을 가진 사람이 주로 오류를 범한다. 사업자가 이수해야 하는 국가 의무 교육, 세무 대리인과의 소통, 타 직원 계약, 건물 및 시설 관련 문제 해결, 대표자 개인 심부름 등 직원에게 일임하는 행위가 대표적이다. 더해서 **미리 예고한 지시도 아닌, 정규 업무 시간에 급작스럽게 시키는 것이 더 문제다.** '팝업(pop up) 지시'가 바로 이런 것이다. 대표자가 여의찮은 상황에 가끔 부탁하는 경우를 제외하고 사업자 명의로 직접 해야 하는 업무는 관리자에게 전가하지 않도록 유의한다.

위 사례처럼 균일하지 않은 업무 지시, 일관성이 부족한 이유는 전반적인 업무 체계와 연관성, 세부 내용에 대한 무지에서 비롯된다. 오류를 방지하려면 일을 모르는 상태에서 직원을 채용하는 것을 피하고, 업무 체계를 정립한 후에 적절한 인재를 채용하는 것이 필요하다.

## 2. 떠먹여 주기 금지

직원의 업무수행 방식이나 속도에 대한 대표자의 불만으로 결국 직접 일을 하게 되는 경우가 많다. 이러한 행동 자체는 문제가 없다. 관리자가 부족하거나 모르는 부분이 있다면 대표자가 지원하는 것은 당연한 일이다. 그러나 **여기서 나타나는 문제는 '심리와 습관'에 있다.**

대표자는 관리자의 일을 대신해주면서 고마워하길 바라고, 다음에는 관리자가 직접 해결하길 기대한다. 그러나 직원은 이러한 기대를 이해하고 받아들이지 않는 경우가 많다. 대표자가 일을 더 잘하기 때문에 직접 나서는 것이 자연스럽다고 여기며, 해당 업무는 계속해서 대표자의 몫이라고 착각한다. 이로 인해 대표자가 계속해서 해당 업무를 맡게 되면서 습관화될 수 있다. 전형적인 업무 떠먹여 주기 유형의 문제다.

기대 심리를 가진 대표자는 감사 표현이나 업무 성과가 없으면 낙담하고 노여워하는 경향이 있다. 이러한 심리는 발전적인 관계를 저해할 수 있다.

**확신을 가지고 선발한 관리자라면 일처리가 조금 미흡하고 속도가 느려도 인내심을 가지고 지켜보는 것이 중요하다.** 방관하라는 뜻이 아니라 직접 지적하고 부족한 부분을 알려주면서 테스트를 거쳐 다음에는 직접 수행하도록 유도해야 한다. 대표자의 '내가 하고 말지' 태도는 무력한 관리자를 육성할 수 있다.

필자가 만난 대표와 원장들 중에는 수업과 회원 관리에 열정적인 분들이 많았다. 그러나 이들은 공통적으로 다음과 같은 고민을 안고 있었다. 대표자들은 앞만 보고 달려가는 경향이 있어 직원들이 뒤처지는 경우가 많았고, 이를 보완하기 위해 주변 장애물을 직접 제거하는 경우가 흔했다. 대표자의 노력 덕분에 경험과 역량은 향상되었지만, 직원들은 제자리에 머물거나 도태되는 경우가 많았다. 이에 대표자는 기준점이 높아지면서 따라오지 못하는 직원들을 이해하지 못하고 섭섭함과 애타는 마음을 느끼고 있었다. 이러한 업무로 인한 부정적인 감정은 직원 관리와 운영에 타격을 입히고, 센터 분위기와 매출에도 영향을 주고 있었다.

**경쟁이 치열하고 불황 시기에는 남들보다 빠른 속도가 중요하지만, 함께 나아가는 가치가 더욱 크다.** 위에서 언급한 것처럼, 믿음과 인내, 상대방을 이해하는 마음으로 함께 속도를 조절해 나가길 바란다.

## 3. 기억과 호응하기

직원과 상호 피드백을 효과적으로 주고받기 위해서는 '기록'의 중요성을 강조했다. 이 기술은 관리자와의 커뮤니케이션에도 활용될 수 있다. **모든 지시, 보고, 피드백은 반드시 '기억'하고 '호응'해야 한다는 점을 명심해야 한다.**

현실적으로 대표자는 여러 상황이나 이유로 모든 것을 기억하기가 어렵다. 따라서 필자처럼 '메모'를 하는 것이 좋다. 일일이 모든 것을 기록하는 것이 부담스러울 수 있지만, 센터 운영 체계를 탄탄하게 정립하고 관리자 채용부터 업무 인계를 충실히 하면 지시와 보고 내용, 패턴이 일정해지기 때문에 자연스럽게 기억하고 답할 수 있는 수준이 될 것이다.

무엇보다 직원의 업무 수행 능력이 높고 실적이 뛰어나면 반드시 반응하고 칭찬과 격려를 해주어야 한다. 잘한 일에 대한 평가는 나중이 아닌 그 '즉시' 이루어져야 하고 대표자가 직접 한번 더 언급한다. 예를 들어, 수습 매니저가 워크인 고객 상담에서 성공적으로 PT 개인레슨 30회를 계약했다면, 이 결과가 직원의 업무 중 하나로 여겨질 수 있지만, 대표자는 먼저 실적과 노고를 인정하고 칭찬해주어야 한다. 해당 직원이 매뉴얼을 잘 숙지하고 고객에게 집중한 결과로 이루어진 성과를 강조하며 대표자의 관심을 어필하는 것이 중요하다. 칭찬으로써 직원은 자신감과 충성심을 가지고 업무에 임할 것이다.

필자가 강사와 매니저에게 가장 자주 사용하는 말은 '덕분에'이다. 강사가 열심히 수업을 진행하고 매니저가 신규 회원 세일즈에 성공하는 것은 그들의 임무다. 그러나 이는 당연한 결과가 아니다. 성취에는 진심과 열정, 그리고 노력이 필요하기 때문에, 이러한 노고를 격려하고 역량과 지속력을 인정하는 말을 자주 사용한다. 감사의 내용은 결과보다는 과정에 집중한다. 진심 어린 칭찬과 함께 상대방의 입장을 이해하는 내용을 포함하면, 인정욕구를 충족시키고 동기부여를 얻을 수 있다. 많은 대표자들이 센터의 상황과 직원의 업무 범위에 따라 다양한 방법으로 '덕분에'를 표현하기를 바란다. 결국 자신도 행복을 느낄 것이다.

## 4. 지나친 배려 자제

업무 떠맡기기와 관련된 그릇된 배려는 주로 2가지 경우에서 발생한다. 직원이 일을 기대 이상으로 잘할 때, 반대로 일을 너무 못할 때, 대표자가 저지르는 실수가 있다.

**첫 번째, 일을 잘하는 직원이 업무량이 많다고 토로하거나, 대표자가 보기에 힘들어 보여 보상을 해주고 싶은 상황일때 발생한다.**

여기서 초보 대표는 '어떻게 해서 일을 줄여줄까?' '일이 많다고 그만두면 어쩌지?' 고민부터 한다. 그리고 업무의 일부를 대표자가 대신하거나, 그렇지 않으면 동기부여와 물질적인 보상을 통해 해결책을 찾는다. 만약 업무량을 조정하거나 임금이 올라서 직원이 대표자에게 감사함을 느끼고 일을 더 잘한다면 큰 문제가 없겠지만, 그렇지 않은 경우가 더 많아 갈등과 후회만 남을 수 있기 때문에 대표자는 신중한 판단이 필요하다.

**두 번째, 직원 성향 자체는 마음에 들어 교육하며 역량을 키우고 싶은데, 갈수록 성과가 미비하고 업무 리스크가 클 때 발생한다.**

힘들게 채용한 마음에 드는 직원이 있지만 수습을 종료하기엔 아쉽고 채용에 부담을 느끼는 대표자에게 판단 오류가 발생한다. 이때 관리자가 할 수 있는 만큼 일을 주고 나머지를 직접 하거나, 다른 강사에게 일부 업무를 맡기고 비용을 지불하는 방법을 선택한다. 그리고 관리자에게는 인센티브 기준을 낮추어 성장에 동기부여를 하려는 전략을 시도한다.

하지만 이러한 방법은 결국 처음 계획보다 인건비가 상승하고, 대표자의 시간과 에너지 소모가 많은 회피적인 방법일 수 있다.

==직원의 역량과 상관없이 처음부터 동의한 업무량은 유지하면서, 일이 너무 많다고 호소하면 객관적으로 상황을 판단하고 업무를 분배해야 한다.== 직원의 의견과 추측에 의해 섣부르게 업무를 조정하면 같은 상황이 반복될 가능성이 높다.

또한 **직원의 동기부여, 성장 촉진에 기여하는 건 '물질'만 있는 게 아니다.** 특히나 매달 일정하게 나가는 인건비에 상여금을 더하면 사업자의 부담 증가는 물론 대가를 바라고 일을 하는 잘못된 분위기가 형성될 수 있다. 정기적인 상여보다 제한적, 일시적 보상, 선물, 교육 등 대표자의 상황과 능력에 맞게 설정해서 인센티브 자체에 다양성을 부여하자.

## 5. 적당한 거리두기

대표자의 직원 관리 가치관과 노하우는 다양하다. 가족 같은 분위기와 편안한 노사관계를 추구하는 경우도 있고, 각자 개인주의를 중시하며 업무적인 대화만 하는 대표자도 있다. 센터의 상황과 문화에 따라 다르기 때문에 단일한 형태만이 정답이라고 할 수 없다. 그러나 어떤 형태든 대표자의 모든 발언과 행동에는 명분과 책임이 공존한다는 사실을 명심해야 한다. **특히 '명분'에 따라 '책임'의 성격과 크기가 달라지기 때문에 '명분 설정'에 주의를 기울이는 것이 중요하다.**

회의가 주제를 가지고 진행되는 것처럼, 회식이나 가벼운 식사 자리도 업무적이고 관계적인 근거를 기반으로 만들어져야 한다. 피해야 할 상황 중 하나는 친근함과 편안함을 추구하면서 대표자가 직원과 의미 없이 술자리에서 사적인 대화나 고민 상담을 하는 행위다. 앞에서 강조한 대로 모든 행동에는 책임이 따르기 때문에, 직원의 사생활과 고민을 듣고 호응하면 대표자가 이를 인지했다고 간주한다.

만약 해당 관리자가 이성 관계의 고충을 토로한 후에 그로 인해 업무 태만이나 지각과 같은 문제가 발생한다면 대표자는 강제로 이해해야 하는 상황이 발생할 수 있다. 이 시점에서 대표자가 갑자기 공사 구분을 강조한다면 매정한 대표님으로 낙인 찍히고, 이후의 상황은 예측이 어렵지 않을 것이다.

직원과의 사적인 대화는 피해야 할 필요는 없다. 오히려 인간미 없는 회사에 정이 떨어질 수 있다. 그러나 사적인 만남도 일과 관련된 '명분'을 동반하고 적당한 거리감을 유지해야 서로에게 부담이 적다. 직원의 사기를 높이기 위해서는 회식, 술자리, 디저트 제공 등이 도움이 될 수 있지만, 위에서 언급한 상황을 예상하며 **사적 만남도 명확한 명분과 적절한 관심, 인간적인 경청 자세가 더욱 중요하다.**

## 6. 희망 고문 금지

참고로 이 항목은 대체할 방법이 없다. 아예 금지 조항이기 때문이다. 대표자도 직원에게 잘 보이고 싶다. 능력 있고 품격 높은 대표자. 직원이 어려울 때 이해하고 해결해 주는 만능 사장. 그 누가 거부하겠는가? 특히 일을 잘하는 직원 앞에서 더욱 뽐내고 싶은 욕구가 크다. 대표자의 능력이 회사의 비전과 가치와 직결되기 때문에 직원들에게 회사의 상황을 종종 어필하는 상황이 온다. 이때 객관성과 일관성, 방향성을 잃으면 안 된다. **자칫 직원의 사기와 관심도, 근속 욕구를 높일 목적으로 허황한 비전, 비현실적인 목표, 불명확한 보장 등 과시형 발언을 삼가야 한다.** 대표적으로 기업 상장, 지점 확장 시 직원의 지분, 복지 증대, 투자 기회, 시설 확충 등 당장 내일 실현되지 않으면 어필도 자제한다.

대표자는 항상 열망하고 목표하는 성장 지표라 일상에서 가볍게 얘기할 만큼 익숙하지만, 직원들에겐 생소하다. 그만큼 기대가 클 수 있다. 대표자는 그저 생각 중 하나를 얘기한 것이나 직원에게는 하나의 약속, 보장으로 각인된다. 직원 입장에서는 대표가 자랑한 희망들이 가까운 미래라고 생각했는데 점점 멀어지고 결국 실현이 되지 않으면 큰 실망을 한다. **결국 대표자는 말만 앞서는, 실천하지 않는 사람이 되고 만다. 앞으로 어떤 발언을 해도 진정성이 떨어진다.** 만약 실제로 공표할 '희망 요소'가 있다면 윤곽이 잡혔을 때 한 번, 이루어지기 직전에 공지하자. 그러면 더욱 멋있고 든든한 대표자로 남을 것이다.

> 관리자의 능력을 100%로 끌어올리려면
> 리더가 200%가 되어야 한다.
> 리더가 100%면 직원은 50%밖에 안 된다.

# 에필로그
# 자동화 시스템

마무리하며 필자의 사업 철학 중 하나를 공유하겠습니다. "잘 뽑은 관리자는 열(10) 강사 부럽지 않고, 자동화 시스템은 좋은 인재가 아쉽지 않다."

앞서 관리자 채용부터 업무 체계, 인수인계 등을 수없이 강조했는데 결론은 자동화 시스템으로 완벽함을 더할 수 있습니다.

궁극적으로 운영 체계가 잘 잡히고, 이들이 몇 가지 프로그램 안에서 유기적으로 연결돼서 자동화 형태를 구축하면 어떤 관리자가 와도 일을 잘할 수밖에 없습니다. 모든 업무를 프로그램을 통해 파악할 수 있고 수행 결과까지 한눈에 볼 수 있기 때문에 업무누락이 제로에 가깝습니다. 무엇보다 수기, 승인 과정을 생략하고 프로그램의 클릭 한 번으로 사무 처리를 하므로 업무 스트레스와 부담이 대폭 줄어듭니다. 당연히 일의 효율성과 완성도는 보장된 격입니다.

자연스럽게 관리자의 성취감과 안정감이 높아지고, 시간 절약으로 생산적이고 창의적인 업무, 즉 세일즈와 고객 관리, 이벤트 등에 집중할 수 있습니다. 절로 실적을 낼 수 있는 환경이 됩니다. **이렇게 유기적인 업무 체계와 자동화 시스템이 직원 관리, 성과, 매출 상승까지 이르는 나비 효과가 어마어마합니다.**

만약 직원 채용 전이라면 체계는 물론 사용하는 프로그램을 활용해서 자동화하는 방법을 고안하고, 일을 잘 하는 관리자가 있다면 더욱 역량을 발휘할 수 있도록 자동화 환경을 만들어 세일즈에 집중하게 해야 합니다. 간혹 1인센터 대표자들은 혼자서 회원을 수용하는 데 어려움이 없다며 엑셀이나 수기로 관리를 합니다. 실상 업무는 수업에 초점이 맞춰져 스케줄, 재등록, 매출관리 등 중구난방인 경우가 대부분입니다.

1인 운영자들은 수업과 세일즈, 현장 고객 응대에 집중하기 위해서 회원 관리 프로그램을 적극 사용해야 합니다.

피바 연맹(PIBA)에서 함께 활동하고 있는 한 원장님은 혼자 4년간 필라테스 센터를 운영하고 있습니다. 컴퓨터 디자인을 전공하셔서 피바에서는 홍보물, 홈페이지 디자인 등을 수행하며 본업도 합니다. 디자인 업무를 배정받았을 때 수업과 병행에 막막함을 느끼셔서 제가 '1인 센터 자동화 시스템'을 권장했습니다.

먼저 '핏투데이' 회원 관리 프로그램을 도입, 원장님이 수업 가능한 시간을 유효회원이 모두 열람하도록 앱으로 열어놓고 그 시간대 안에서 회원이 자유롭게 예약을 합니다. 예약된 수업 취소와 변경 조건은 명확히 고지해서 번복을 최소화했습니다. 회원권과 남은 세션 모두 회원 앱에서 확인이 가능하고, 재등록 시점에 원장, 회원에게 자동 알람이 발송돼서 회원 관리도 유용했습니다. 이 방법으로 원장님의 시간과 정신적 여유가 점점 증가해 피바의 디자인 업무와 개인 활동을 무리 없이 할 수 있었습니다.

자동화 시스템은 비단 '회원 관리 프로그램(CRM)'만 있는 것이 아닙니다. 전자 계약서, 비 대면 결제 시스템, 결제 대행 서비스, 직원 및 회원 커뮤니케이션 채널, 원격 안전·보안 시스템 등 항목이 다양하며 유기성이 있습니다. 이를 각 센터에 맞게 채택하고 연결시켜서 하나의 자동화 운영 체계로 업그레이드해야 합니다.

자동화를 실현하는 데 대표자 및 관리자가 하루 3시간 이상 업무에 집중할 수 있다면, 단일 센터 기준으로 약 한 달 이내로 가능합니다. 이후엔 효율적인 운영 뿐만 아니라 대표자 사업의 질이 향상되고 관리자, 강사·트레이너는 더욱 생산적인 일에 집중할 수 있습니다.

이렇게 운동 업계의 관리자 채용과 업무 체계, 인수인계 방법, 채용 후 유의점, 자동화 시스템의 중요성까지 소개했습니다. 본 서적을 집필하면서 타 분야의 관리자 채용과 인수인계 관련 자료와 서적을 많이 찾아봤는데, 우리 업계 맞춤형은 고사하고 이렇게 자세한 방법론을 알려주는 건 보기 힘들었습니다. 그래서 전자책으로 먼저 큰 틀과 객관적인 내용 위주로 배포했고, 본 서적에는 세부적인 방법, 예시, 자기 계발 성격의 내용까지 추가해서 탄탄하게 구성했습니다.

단언하는데 운동 업계에서 관리자 채용과 업무 체계의 최초 서적이기도 하지만 실용적이고 핵심적이며 철학까지 담은 풍성한 패키지라 확신합니다. 많은 대표자와 예비 창업자분들이 필자가 먼저 겪은 실수, 시행착오, 체계 정립 과정을 서적과 강의로 접해서 더 정확하고 빠른 길로 운영하길 바랍니다.

# FITNESS OFFICE
## 피트니스 필라테스 실무 관리 매뉴얼

초판2쇄 | 2025년 3월 4일
발행    | 2024년 2월 23일

지은이  | 김윤미
기획    | 북티베이션
출판사  | 비엠북스

가격    | 30,000원
ISBN    | 979-11-984055-6-2

책쓰기 컨설팅 문의 Instagram/book.tivation
피트니스 대표와 강사들을 위한 하이엔드 브랜딩, 북티베이션

* 이 책은 저작권법에 따라 보호받는 저작물이므로 무단전재와 무단복제를 금지하며, 이 책 내용의 전부 또는 일부를 이용하려면 반드시 저작권자와 비엠북스의 서면동의를 받아야 합니다.
* 잘못된 책은 구입하신 서점에서 교환해드립니다.
* 책값은 뒤표지에 있습니다.